MARCO ⊕ POLO

W0066335

BULGARISCHE SCHWARZMEER- KÜSTE

Reisen mit **Insider Tipps**

> Relaxte Atmosphäre, der Duft von salzigem Meer und gebratenem Fisch, schwimmen gegen den Horizont und abends ein schönes Essen mit guten Freunden – das ist für mich die Bulgarische Schwarzmeerküste. Hier tanke ich neue Energie für den Alltag.
> *MARCO POLO Autor*
> *Ralf Petrov*
> (siehe S. 123)

Spezielle News, Lesermeinungen und Angebote zu Bulgarien:
www.marcopolo.de/bulgarien-meer

BULGARISCHE SCHWARZMEERKÜST

> Provadija
> Bijala
> Ajtos Neseb
> 6
> Burgas Pomorie
> Sozo
> Sredec

> SYMBOLE

MARCO POLO INSIDER-TIPPS
Von unserem Autor
für Sie entdeckt

MARCO POLO HIGHLIGHTS
Alles, was Sie an der
Bulgarischen Schwarz-
meerküste kennen
sollten

SCHÖNE AUSSICHT

▶▶ **HIER TRIFFT SICH
DIE SZENE**

> PREISKATEGORIEN

HOTELS
€€€   über 60 Euro
€€   30–60 Euro
€   bis 30 Euro
Die Preise gelten für zwei
Personen im Doppelzimmer
mit Frühstück pro Nacht

RESTAURANTS
€€€   über 20 Euro
€€   10–20 Euro
€   bis 10 Euro
Die Preise gelten für ein
Essen mit Suppe, Haupt- und
Nachspeise und Getränk

> KARTEN

[112 A1] Seitenzahlen und
Koordinaten für den
Reiseatlas Bulgarisc
Schwarzmeerküste
und die Karten von
Burgas, Nesebär un
Sozopol auf S. 116–1

[U A1] Koordinaten für die
Karte von Varna im
hinteren Umschlag

[0] außerhalb des
Kartenausschnitts

Zu Ihrer Orientierung sind
auch die Orte mit Koordinaten versehen, die nicht im
Reiseatlas eingetragen sind

■ **DIE BESTEN MARCO POLO INSIDER-TIPPS** .... **UMSCHLAG**
■ **DIE BESTEN MARCO POLO HIGHLIGHTS** 4

■ **AUFTAKT** 6

■ **SZENE** 12

■ **STICHWORTE** 16
■ **EVENTS, FESTE & MEHR** 22
■ **ESSEN & TRINKEN** 24
■ **EINKAUFEN** 28

■ **DER NORDEN** 30
■ **DER SÜDEN** 58

INHALT

> SZENE

S. 12–15: Trends, Entde-
ckungen, Hotspots! Was
wann wo an der Bulgari-
schen Schwarzmeerküste
los ist, verrät der MARCO
POLO Szeneautor vor Ort

> 24 STUNDEN

S. 90/91: Action pur und
einmalige Erlebnisse in
24 Stunden! MARCO POLO
hat für Sie einen außer-
gewöhnlichen Tag in
Varna zusammengestellt

> LOW BUDGET

Viel erleben für wenig Geld!
Wo Sie zu kleinen Preisen
etwas Besonderes genießen
und tolle Schnäppchen
machen können:

Rockkonzerte zum symboli-
schen Preis S. 34 |
Bulgarisches Kristall und
traditionelle Teppiche ab
Fabrik S. 66

> GUT ZU WISSEN

Was war wann? S. 10 | Bul-
garische Spezialitäten S. 26
| Eine Frage der Ehre S. 43 |
Bücher & Filme S. 54 | Nes-
tinari S. 65 | Blogs & Pod-
casts S. 73 | Vogels Boxen-
stopp S. 82 | www.marco
polo.de S. 100 | Das bulga-
rische Alphabet S. 108

AUF DEM TITEL
Spannende Touren durch
das Stradža-Gebirge S. 88
Varna schläft nicht! S. 12

AUSFLÜGE & TOUREN **86**

24 STUNDEN IN BULGARIEN **90**

SPORT & AKTIVITÄTEN **92**

MIT KINDERN REISEN **96**

PRAKTISCHE HINWEISE 100

SPRACHFÜHRER 106

REISEATLAS BULGARISCHE SCHWARZMEERKÜSTE ... **110**

KARTENLEGENDE REISEATLAS **118**

REGISTER 120

IMPRESSUM 121

MARCO POLO PROGRAMM 122

UNSER INSIDER 123

BLOSS NICHT! **124**

ENTDECKEN SIE DIE BULGARISCHE SCHWARZMEERKÜSTE!

Unsere Top 15 führen Sie an die traumhaftesten Orte und zu den spannendsten Sehenswürdigkeiten

Die Highlights sind in der Karte auf dem hinteren Umschlag eingetragen

 Manastir Arat Teke
Die Klosterruine mit dem Grab Ak Sakkali Babas wird von Moslems und Christen gleichermaßen als Ort der Wunder verehrt (Seite 36)

 Schloss Balčik
Minarett, christliche Kapelle und griechisches Labyrinth – hier ist Platz für jede Religion und jeden Stil (Seite 37)

 Jailata
Mystische Felsen brechen die Wellen und faszinieren nicht nur Hippies und Esoteriker (Seite 41)

Nos Kaliakra
Die Ruinen der Festung hoch über dem Meer erinnern an den Kampf der Bulgaren gegen die Osmanen (Seite 42)

 Taukliman
Einsame Ufer, außergewöhnliche Landschaften und unzählige Vogelscharen prägen einen der schönsten Urlaubsorte der Nordküste (Seite 43)

 Archeologičeski muzej
In Varnas schönstem Museum lagern spektakuläre Funde aus der Schwarzmeerregion (Seite 47)

 Rimski termi
Bade- und Sportkultur wie zu Zeiten von Asterix und Obelix in Varna erleben (Seite 49)

 Aladža manastir
Einsiedlerzellen, Gebetsaltäre und Kapellen – alles in die Felsen gehauen (Seite 56)

> DIE BESTEN MARCO POLO HIGHLIGHTS

 **Nestinari**
Keine Brandblasen dank Trance: Wenn die Feuertänzer mit bloßen Füßen zu Trommelschlägen die heidnische Glut überqueren, brauchen Zuschauer starke Nerven und möglichst wenig Phantasie (Seite 65)

10 Nesebär
Die Unesco hält die Hand drüber: Auf einer verträumten Halbinsel liegt die Altstadt mit antiken Kirchen, romantischen Fischerlokalen und Tausenden Besuchern täglich (Seite 67)

11 Antična grobnica
In einem pilzförmigen Mausoleum nahe Pomorie bestatteten die alten Thraker ihre Toten (Seite 74)

12 Rezovo
Sperrgebiet sei Dank: Ungetrübte Fischerdorfromantik an den Ausläufern des Strandža-Gebirges (Seite 76)

13 Sozopol
Die zauberhafte Altstadt lockt mit kulturellem und kulinarischem Flair (Seite 80)

 **Ropotamo**
Dschungelfieber und Meeresrauschen: Das Reich seltener Wasserlilien und tropischer Lianen mündet direkt in die See (Seite 85)

15 Madarski konnik
Markanter Reiter in luftiger Höhe: Das Riesenrelief sieht nur, wer zuvor etliche Stufen bewältigt (Seite 87)

WAS FÜR EINE KÜSTE!

AUFTAKT

> Noch ist sie ein Geheimtipp: die Bulgarische Schwarzmeerküste mit endlosen Stränden, der buchtenreichen Küstenlinie im Süden, den kühnen Felsklippen im Norden. Malerische Städtchen wie Nesebär und Sozopol laden zum Bummeln und Schlemmen ein. Jahrtausende alte Geschichte spiegelt sich in den kostbaren Sammlungen der Museen von Varna und Burgas, die tiefe Frömmigkeit in den mit Fresken und Ikonen geschmückten Kirchen und Klöstern. Kultur, Erholung, Wellness und sportliche Action – all das bietet die 400 km lange Küste zwischen Kap Kaliakra und Sinemorec. Und dazu die herzlichsten Gastgeber Südosteuropas!

> Heller Sand säumt die Küste des Schwarzen Meeres; bis an den Horizont reicht das goldgelbe Band von Zlatni pjasáci, auf das bunte Sonnenschirme ihre Schatten werfen. Windsurfer tanzen in der leichten Brise über die Wellen, an der Wasserlinie formen kleine Baumeister wehrhafte Burgen aus feuchtem Sand, während sich Teenager beim Beachvolleyball vergnügen. Nach einem Tag am Strand wird in urigen Restaurants und neonbeleuchteten Strandbars in die Nacht gefeiert, bis die Party in den Diskotheken beginnt. Längst gilt Bulgarien auch unter den Jungen als Geheimtipp. Das Land hat einen radikalen Wandel vollzogen, der im Tourismus besonders zu spüren ist: Modern-phantasievolle, komfortable Hotels, exzellente Schwarzmeerküche, ein großes Freizeitangebot und hippe Clubs verwöhnen die Gäste. Sicher mangelt es noch hier und da: Besonders Häuser der unteren Kategorie und Campingplätze lassen bisweilen zu wünschen übrig. Aber dies machen der freundliche Service, die sauberen Strände und die günstigsten Preise Europas allemal wett.

Dazu gesellen sich die kulturellen Highlights: Romantische Städtchen wie Nesebăr oder das idyllische Balčik versetzen die Besucher mit ihren mittelalterlichen Kirchen und den Wiedergeburtshäusern in längst vergangene Zeiten, während die dynamischen Hafenstädte Varna und Burgas mit wunderbaren Museen und reizvollen Festivals locken.

Die politische Wende 1989 bescherte Bulgarien eine tiefe wirtschaftliche Krise; erst Simeon Sakskoburggotski, dem Exilzaren Simeon II., gelang es 2001 als Regierungschef, das Ruder herumzureißen. Sein Nachfolger Sergej Stanišev setzt diese Politik fort: Die Wirtschaft wächst, das Ausland investiert und Bulgarien ist 2007 der EU beigetreten. Wandel und Wachstum haben alle Teile der bulgarischen Wirtschaft und Gesellschaft erfasst: In den Zentren der Großstädte Varna und Burgas ist die Entwicklung besonders deutlich zu spüren. Mit den restaurierten Gründerzeitpalästen, den Straßencafés und Boutiquen atmen sie geradezu

> **Dynamik und mediterrane Leichtigkeit**

mediterrane Leichtigkeit. Der gern zur Schau gestellte Wohlstand sollte aber nicht darüber hinwegtäuschen, dass vor allem ältere Menschen unter teils dramatischen Bedingungen leben. Und die bulgarischen Roma sind fast gänzlich vom Aufschwung ausgeschlossen.

Einem anmaßenden Liebespaar hat Bulgarien der Legende nach zwei seiner markantesten Gebirge zu verdanken: Haemus und Rhodope nannten sich einst neckisch Zeus und Hera. Das olympische Götterpaar war über den Missbrauch seiner Namen so wütend, dass es die beiden Liebenden in Gebirge verwandelte: Haemus in den Balkan, der Bulgarien und seine Küste von West nach Ost in zwei nahezu gleich große Hälften teilt, und seine Geliebte in den Gebirgszug der Rhodopen im Süden. Dessen Bewohner pflegen eine besondere, melancholische Liedform, in deren Weisen das Klagen der Unglücklichen und vielleicht auch die Trauer des thrakischen

Prinzen Orpheus widerhallt. Der begnadete Sänger verlor nämlich eben hier seine geliebte Gattin Eurydike an den Gott der Unterwelt.

Die Thraker, deren Fürsten ihre Lieblingsfrauen und –pferde mit in den Tod nahmen und sich mit Goldschätzen in Kuppelgräbern beisetzen ließen, haben ihre Spuren in Form unzähliger Grabhügel hinterlassen. Auf sie folgten griechische Kolonisten und römische Eroberer, darauf Byzanz und schließlich das Erste Bulgarische Reich unter Khan Asparuch. Drei unabhängige Reiche zählen die Bulgaren in ihrer langen Geschichte, doch über all ihrem Glanz liegt die düstere Epoche des „osmanischen Jochs", wie die fünfhundertjährige türkische Herrschaft genannt wird. 1396 wurde Bulgarien osmanische

Provinz, der Islam und die türkische Sprache verdrängten das Christentum. Klöstern wie Rila und Bačkovo ist zu danken, dass die bulgarische Kultur vor dem Vergessen bewahrt wurde; die Mönche pflegten die kyrillische Schrift, die Dichtung und die Malerei. Von diesen Klöstern ging schließlich der Anstoß zur Be-

> **Klöster bewahrten die bulgarische Kultur vor dem Vergessen**

sinnung auf die eigenen kulturellen Werte und der Funke zum Kampf gegen die Türken aus: „Wiedergeburt" heißt dieses Erwachen Bulgariens, das Ende des 18. Jhs. begann und dem Land 1879 endlich die Unabhängigkeit bescherte. Die charakteristische Architektur jener Zeit ist von

Weltliche Variante der Ikonenmalerei: In Albena porträtieren Künstler Ihren Nachwuchs

WAS WAR WANN?

Geschichtstabelle

500 v. Chr. Blüte des Thraker-Reichs

100 v. Chr. Römer besetzen die Schwarzmeerküste

681 Khan Asparuch gründet das Erste Bulgarische Reich

863 Erstes slawisches (kyrillisches) Alphabet der Brüder Kyrill und Method

865 Annahme des Christentums unter Boris I.

1018–1185 Byzantinische Herrschaft

1396 Bulgarien wird Teil des Osmanischen Reiches

1444 Die Kreuzritter werden von den Türken bei Varna geschlagen

1762 Beginn der Nationalen Wiedergeburt

1878 Ende des russisch-türkischen Krieges. Bulgarien wird unabhängiges Fürstentum. Der Süden bleibt türkisch

1903 Niederschlagung des Aufstands zur Befreiung der Südküste

1912–1913 Balkankriege. Das Gebiet bis Rezovo wird bulgarisch, der Süden der Dobrudža geht bis 1940 an Rumänien

1918 Kapitulation nach dem Ersten Weltkrieg

1941 Bulgarien tritt dem Dreimächtepakt bei

1944 Staatsstreich der Kommunisten mit Hilfe der sowjetischen Armee

1989 Rücktritt von Staats- und Parteichef Todor Živkov

1990 Erste demokratische Wahlen

2004 Nato-Beitritt

2007 EU-Beitritt

ländlichen bulgarischen Traditionen inspiriert und prägt Städte wie Nesebär oder Sozopol.

Die Klöster und die Bulgarisch-Orthodoxe Kirche spielen auch heute noch eine herausragende Rolle. Nicht nur zu den Festtagen versammeln sich die Gläubigen zum Gebet. Die liturgischen Gesänge der Popen, die feierlichen Antworten des Chors, das Flackern unzähliger Opferkerzen vor der Kulisse naiv-bunter mittelalterlicher Fresken und goldglänzender Ikonen schaffen eine Atmosphäre tiefer Hingabe. Sie half und hilft den Bulgaren über die oft schwierigen Zeiten des politischen Wandels hinweg, in denen sie Armut und Hunger erlebten. Ähnlich wichtig ist der Wunderglaube: Viele Bulgaren pilgern zu Orten magischer Kraft wie dem „Steinernen Wald" *Pobiti kamáni* bei Varna und verwenden Amulette, um den bösen Blick zu bannen. Letzteres mag ein Erbe der osmanischen Ära sein, die vor allem im Südosten des Landes noch spürbar ist. Hier leben die meisten Mitglieder der türkischstämmigen Minderheit, immerhin neun Prozent der rund 7,8 Mio. Bulgaren. Fast alle Städte haben eine Moschee und eine islamische Gemeinde.

Goldstrand (Zlatni pjasáci), Albena, Elenite, Obzor und Sonnenstrand (Slánčev brjag) sind Bulgariens berühmteste und traditionsreichste Seebäder. Doch an der knapp 400 km langen Küste finden sich auch noch viele ursprünglichere Fleckchen wie die Buchten von Kiten, Ahtopol oder Sinemorec. Die Feriengäste übernachten in Privatzimmern oder in neu errichteten Ferienclubs und Hotels. Immer mehr komfortable Anlagen verdrängen die früher zahlreichen, recht einfachen Camping-

> Nur am Strand zu liegen wäre viel zu schade

plätze, die besonders entlang der südlichen Schwarzmeerküste Urlauber aus Osteuropa anzogen. Heute ist

Frühjahr und Herbst Hunderttausende von Zugvögeln den Himmel – ein einzigartiges Schauspiel, nicht nur für Ornithologen.

Nur am Strand zu liegen wäre in diesem bezaubernden und vielfältigen Land viel zu schade: Malerische Balkandörfer, geheimnisvolle Felsreliefs, thrakische Königsgräber und Museen, in denen die ältesten weltweit entdeckten Goldschätze zu bewundern sind, warten auf Ihren

Openairkultur in Nesebär: die alte Metropolitenkirche Sveta Sofija

hier das Revier der Windsurfer; viele junge Leute verbringen ihre Ferien an den Stränden zwischen Sozopol und Sinemorec. An den Flussmündungen des Ropotamo und des Kamcija wuchern Urwälder, in denen der Gesang seltener Vögel erklingt und Wasserschildkröten zwischen Seerosen schwimmen. Über den Salzseen um Burgas und Šabla verdunkeln im

Besuch. Und stolze, temperamentvolle Menschen, die nichts lieber tun, als ihren Gästen die Schönheit und Einzigartigkeit ihrer Heimat zu zeigen – wobei eines immer ganz besonders wichtig ist: Ein üppiges gemeinsames Mahl und ein Glas *rakija*, also Schnaps, um die neue Freundschaft zu begießen. Nehmen Sie das Angebot an!

▶▶ TREND GUIDE BULGARISCHE SCHWARZMEERKÜSTE

Die heißesten Entdeckungen und Hotspots! Unser Szene-Scout zeigt Ihnen, was angesagt ist

Georgetta Janeva

ist Reisejournalistin. Nach ihrem Studium der Germanistik in Berlin lebt sie nun in Bulgariens Hauptstadt Sofia. Sie arbeitet für die deutsche Redaktion von Radio Bulgarien und moderiert unter anderem die Sendung Reiseland Bulgarien, die auf Kurzwelle auch im deutschsprachigen Raum zu empfangen ist (*www.bnr.bg*). Klar, dass die Redakteurin in Sachen Reise und Trends ständig up to date ist!

▶▶ NIGHTLIFE GOES BLACK SEA

Varna ist Sommer-Partymetropole

Sofias Top-Clubs ziehen im Sommer an die Schwarzmeerküste und eröffnen dort Dependancen. Nicht nur die Turntables, auch die DJs reisen mit ans Meer. Neben den Local Heroes sorgen internationale DJ-Größen wie Roger Sanchez (*www.rogersanchez.com*), Victor Calderone (*www.victorcalderone.com*), Sven Väth (*www.cocoon.net*) und Carl Cox (*www.carlcox.com*) für den richtigen Beat – sie gastieren regelmäßig in Varna, das immer glamouröser wird. Aktuelle Termine finden sich – auch auf Deutsch – auf der Webseite *www.disco.bg*. Wo die Szene sich selbst zelebriert? Tagsüber beim Lounging in der puristisch-weißen *A-Lounge*, die auch gerne VIP-Beach genannt wird (*Tzar Osvoboditel Boulevard 25, www.a-lounge.info*, Foto); am frühen Abend intensiviert man das Chillen nebenan im coolen Club *Arro Dance* (*www.arroclub.com*).

SZENE

▶▶ HOTEL-SCHICKERIA

Villa auf Zeit oder Luxushotel?

Karge Unterkünfte? Lange vorbei! Die
neue Hotel-Generation hat sich extra-
schick gemacht! Mit dem *Victoria Palace*,
(www.victoria-group.net, Foto*)*, dem
Helena Resort (www.helenaresort.com)
und dem *Majestic (www.hotel.majestic-
bg.com)* haben am Sunny Beach – dem

Sonnenstrand bei Burgas – gleich drei
Luxushotels nacheinander eröffnet. Der neueste Trend geht zu schicken Villen, die
Besucher auf Zeit mieten können, wie im *Santa Marina Holiday Village* bei Burgas
(3 Industrialna Str., Sozopol, www.santamarina.bg) oder an der ruhigeren, nördlichen
Küste, wo viele individuell gestaltete Feriendomizile stehen.

▶▶ SPA ORIENTAL

Wellness in Bulgarien

Am Goldstrand in Varna dreht sich neuerdings alles um
Schönheit und Wellness. Vor allem exotisch inspirierte
Anwendungen boomen in den Spas der High-Class-
Hotels: Ayurveda, Thalasso, Hot Stones, Schoko- und
Honigmassagen bestimmen die Spa-Menüs – etwa im
neuen *Nirvana Spa* im *Hotel Kempinski Grand Hermitage
(1 Kempinski Alley, www.kempinski-varna.com)*. Doch
auch der Wellness-Ursprung, das Türkische Bad, steht
wieder hoch im Kurs: Der modernste und größte Hamam
der Küste befindet sich im *Hotel Thermal (Goldstrand,
Spa Center Extra Nina, k.k. Zlatni Pyasaci, 9007 Varna,
Tel. 052 91 09 81)*. Als Insidertipp gelten die Thalasso-
Kuren mit Luga, dem Heilschlamm aus dem bulgarischen
Seebad Pomorie. Insider fahren direkt an die Quelle
des Schönheitselixiers, zum Beispiel ins *Interhotel* in
Pomorie *(www.pomorie.com/ih-pomorie)*.

▶▶ SHOPPINGMALLS

Amerikanische Verhältnisse in Bulgarien

Was als Tempel für unbeschränkten Konsum gedacht war, entwickelt sich zur Szene-, Hangout- und Chillzone in einem: Shoppingmalls sind die neuen Hotspots. Allein über zehn moderne Erlebnis-Komplexe befinden sich landesweit im Bau. Von ausschweifendem Shopping über Kosmetikstudio-Sessions, Wellness-Stop-in bis zum szenigen Clubbing spät in der Nacht – hier gibt's nahezu alles, was das Herz begehrt. *Piccadilly Parc (Primorski Park II 482, Varna und Izgrev, Burgas, www.piccadilly.bg, Foto).*

▶▶ GLAMOUR FÜR BURGAS

Von Cineasten, Stars und Sternchen

Eine wahre Kino-Lawine rollt alljährlich im März über die Schwarzmeerküste, wenn Dutzende Filme aus Europa, Hollywood und Asien in Bulgarien uraufgeführt werden. Das *Sofia International Film Festival at Coast*, das parallel zum Hauptstadt-Event läuft, steigt in Burgas *(www.cinema.bg/sff).* Filmreifes spielt sich auch außerhalb der Kinosäle ab: Stars und Sternchen, große Regisseure und vielversprechende Talente treffen sich auf Premierenpartys und Aftershow-Events.

▶▶ WILDLIFE

Guided Nature: Wildnis-Touren im Trend

Safari-Feeling mitten in Bulgarien! Ein neuer Thrill lockt Abenteuerlustige in die Tiefen der bulgarischen Urwälder: Expeditionen. Dafür nötige Accessoires: Jeep, Fernglas und Klamotten in Khaki, damit die scheuen Tiere nicht verschreckt werden. Immer mehr professionelle Tour-Guides führen Naturbegeisterte in die Lebensräume seltener Vögel wie Dalmatiner-Pelikane und Weißkopfadler, zarter Libellen- und Schmetterlingsarten und spüren sogar Wölfe und Bären auf. Die mehrtägigen Trips sind beispielsweise buchbar über *Neophron Tours Ltd. (Tel. 052 65 02 30, www.birdwatchingbulgaria.net).*

▶▶ EXPORTSCHLAGER BOZA

Ökodrink mit Alkohol und Vitaminen

Boza, ein fermentierter Bulgurdrink, entwickelt sich zum In-Getränk im Inland und zum Export-schlager im Ausland. Moderne Varianten wie das Boza-Bier und die von jeher gesunden Inhaltsstoffe sorgen für den Boza-Boom. Der Drink ist aus Weizen und Hirse her-gestellt und enthält neben bis zu vier Prozent Alkohol auch die Vitamine A, B, C und E. Das Gerücht, dass Boza für mehr Oberweite sorgen würde, ist nicht ganz unschuldig an der Boza-Mania.

▶▶ SOZOPOL

Kunstszene über den Klippen

Wild-romantisch sind die Klippen von Sozopol, dem malerischsten Ort Bulgariens. Das kreativ-legere Ambiente des Städtchens hat sich herumgesprochen – Individualisten entdecken die zerklüftete Küste mehr und mehr für sich. An Felsterrassen und in den

kleinen Gässchen der Alt-stadt eröffnen immer mehr Shops, Cafés und Bars. Die Szene-Treffs liegen in der Morski Skali – der Meeres-straße – entlang der Klip-pen. Darunter das Restau-rant *Xantana (Morski Skali 33, Tel. 055 14 34 54)* und die Cocktailbar *Palikari (Morski Skali 41, Tel. 055 02 28 31)*, in denen man gefährlich schön über der Brandung sitzen kann. Angst, sich zu verlaufen ist unnötig in Sozopol: Das Trend-Städtchen hat nur knapp 10 000 Einwohner.

> TOURISTEN, BIG BROTHER UND
DIE ANGST VOR JAMES BOND

Schon zu Ostblockzeiten bot Bulgarien dem großen Bruder die
Stirn und holte Kapitalisten wie Kommunisten zur Sommerfrische
an die breiten Strände seiner Schwarzmeerküste

BAUBOOM

Das steigende Interesse an der Bulgarischen Schwarzmeerküste löste in
den vergangenen Jahren eine regel-
rechte Immobilienhysterie aus. Trotz
steigender Bodenpreise werden immer noch größere Hotels und Ferienanlagen gebaut. Die Regierung muss-
te einschreiten, um die Betonlawine
am Meer zu begrenzen. Inzwischen
kaufen zunehmend Westeuropäer, vor
allem Briten, Wohnungen an der
Küste. Besonders in Varna, wo inzwischen nicht selten die Hausversamm-
lung auf Englisch abgehalten wird.

FLORA UND FAUNA

An der Schwarzmeerküste gedeihen
mehr als 3500 Pflanzenarten, darunter für den Mittelmeerraum und

Bild: Zlatni Pjasăci – der Goldstrand

STICH
WORTE

Kleinasien typische Gewächse wie Lianen, wilde Orchideen, Feigen, Walnussbäume, Zypressen sowie seltene Heilkräuter. Mit ca. 25 Prozent ist der Anteil der Wälder relativ hoch. Im Naturreservat Strandža dominieren dichte Laubwälder, während die Ausläufer des Balkangebirges bei Kap Emine durch Nadelwälder geprägt sind. Eine besondere Vegetation bildete sich an den Flussmündungen von Kamčija und Ropo-

tamo, wo versumpfte Wälder wie im Urwald von Schlingpflanzen umwachsen sind.

In den Wäldern leben Füchse, Rehe und Wildschweine, aber auch Wölfe. Selbst Bären gibt es noch, sie sind aber nur äußerst selten anzutreffen. Nicht nur dank der entlang der Küste verlaufenden Zugvögelroute *Via Pontica*, die Nordeuropa mit Afrika verbindet, ist die Vogelvielfalt am Schwarzen Meer beachtlich:

Krauskopfpelikane, Fischreiher, Kraniche und Ibisse fühlen sich wohl am Wasser. Die größeren Meeresbewohner sind friedlich und verspielt, aber scheu: Nur selten lassen sich Delphine und Schwarzmeerrobben sehen.

JOGHURT

Der einzigartige Geschmack von bulgarischem Joghurt, auch Sauermilch *(kisselo mljako)* genannt, geht auf den *lactobacillus bulgaricus* zurück. Der nur in Bulgarien vorkommende Mikroorganismus hat sich zu einem regelrechten Exportschlager entwickelt. Sogar in Japan ist bulgarischer Joghurt ein Renner. Medizinern zufolge trägt er wesentlich zum hohen Alter der bulgarischen Landbevölkerung bei. Er ist wichtiger Bestandteil vieler bulgarischer Speisen, wird auch gern verdünnt mit Wasser getrunken und ist süß oder salzig eine herrliche Erfrischung an einem heißen Sommertag. Selbst äußerlich entfaltet bulgarischer Joghurt wohltuende Wirkung: Auf sonnenverbrannter Haut kühlt er und lindert den Schmerz.

KYRILLISCHE SCHRIFT

Die slawischen Schriftzeichen, auf die die Bulgaren so stolz sind, sind für Ausländer mühsam zu entziffern. In Zeiten von Computer und Internet wird inzwischen diskutiert, auch in Bulgarien die lateinische Schrift einzuführen. Die kyrillische Schrift geht auf die als Slawenapostel geltenden Brüder Konstantin-Kyrill (826–868) und Method (815–885) zurück. Sie schufen ein auf der Sprache der bulgarischen Slawen fußendes Alphabet. Die so genannten glagolitischen Schriftzeichen wurden später durch das einfache kyrillische Alphabet ersetzt. Papst Johannes Paul II. ernannte die heiligen Brüder 1980 zu „Patronen Europas". Am 24. Mai feiern die Bul-

Von wegen wuschelig: Krauskopfpelikane machen ihrem Namen nur bedingt Ehre

garen den Jahrestag der bulgarischen Kultur und der slawischen Schrift.

LAST-MINUTE-MENTALITÄT

Die für den Süden charakteristische Lässigkeit und Unverbindlichkeit prägt auch den bulgarischen Alltag. So kommt es, dass selbst in der Urlaubssaison hier und da an Hotels und Straßen weitergebaut wird, wenn die Zeit knapp wird. In den Lokalen ist es wiederum ein angenehmer Zug. Dafür, dass bisweilen später als angekündigt geöffnet wird, darf der Gast auch nach Feierabend gerne bleiben.

Volksmusik braucht den Dudelsack

MUSIK UND TANZ

Der griechischen Mythologie zufolge stammte der Sänger Orpheus aus dem Land der Thraker. Die Zauberkraft seiner Musik ist über Jahrhunderte in der bulgarischen Volksmusik erhalten geblieben. Vor allem die typischen unregelmäßigen Takte 5/8 und 7/8 klingen für westeuropäische Ohren wie von einem anderen Stern. Musik und Tanz haben für Bulgaren einen hohen Stellenwert. Auf jeder Hochzeit ist der Reigentanz *Horo* Pflicht, bei dem sich Männer und Frauen an den Händen fassen und zu Dudelsack und Trommel im Kreis tanzen. Auch in den Folklorelokalen steht der Reigen fest auf dem Programm. Die Aufforderung zum Mittanzen können Sie getrost annehmen – der Vortänzer führt Sie sicher in den Rhythmus. Junge Bulgaren bevorzugen die *Čalga* – eine Mischung aus Pop und orientalisch angehauchter Folklore.

ORTHODOXE KIRCHE

Die Kultur Bulgariens ist eng mit der orthodoxen Kirche verbunden. Während der osmanischen Herrschaft pflegten die Klöster das bulgarische Schrifttum. Die Gründung des bulgarischen Exarchates im Jahr 1870, einer christlichen Glaubensenklave, ging einher mit wachsenden Unabhängigkeitsbestrebungen.

Während des Sozialismus' war die Kirche vom Staat getrennt und spielte eine untergeordnete Rolle. Heute erlebt die Orthodoxie einen Aufschwung. Immer mehr Bulgaren lassen sich taufen, die religiösen Feste werden intensiver gefeiert. Höhepunkt ist das Osterfest, bei dem jeder Gläubige um Mitternacht eine in der Kirche angezündete Kerze nach Hause trägt.

RAKIJA

Jede Familie auf dem Lande destilliert ihren eigenen *rakija,* sei es aus Trauben, Äpfeln, Pflaumen oder Aprikosen, mit bis zu 65 % Alkoholgehalt. Im Sommer wird der Schnaps zu frischem Salat getrunken, im Winter mit karamellisiertem Zucker und Nelken erhitzt und mit sauer eingelegtem Gemüse serviert. In der Volksmedizin gilt der hochprozentige Obstbrand als wirksames Einreibemittel gegen Erkältungen.

TOURISMUS

Das traditionelle Agrarland Bulgarien wurde während des Sozialismus' mit russischer Hilfe industrialisiert. Als es in den 1960er-Jahren die Schwarzmeerküste auch westlichen Touristen öffnete, wurde das in Moskau missbilligt. Die Sowjets befürchteten, westliche Geheimagenten könnten als Urlauber getarnt leicht über die Bulgarische Schwarzmeerküste in das kommunistische System eindringen. Die bulgarische Führung setzte sich dennoch durch, immerhin war Bulgarien schon das einzige Land des Warschauer Pakts, in dem keine russischen Truppen stationiert waren. Das kommerzielle Argument siegte über die James-Bond-Phobie, und so entstanden Ferienanlagen für Skandinavier, Briten und Deutsche. Auch ausgewählte Genossen aus den Bruderländern durften hier die Sommerfrische verbringen. Inzwischen ist der Fremdenverkehr Bulgariens wichtigste Deviseneinnahmequelle.

WEIN

In der Antike galten die Thraker als ausgezeichnete Weinbauern und Winzer. Dionysos, griechischer Gott des Weins und des Rausches wurde stets verehrt. Der 802 geborene Khan Krum sah sich gar gezwungen, sein junges Reich vor übermäßigem

Von den Kommunisten gerodet, heute wieder gehegt und gepflegt: Weinstöcke

Weinkonsum zu schützen, und ließ alle Weinstöcke vernichten. In den 1980er-Jahren versuchte die kommunistische Partei nach Moskauer Vorbild wieder einmal den Alkoholkonsum einzuschränken und vernichtete abermals etliche Weinberge. Heute sind alle Weinkellereien in privater Hand, und immer mehr Felder werden mit jungen Reben bepflanzt.

Bulgarische Weine sind vorwiegend trocken, vor allem die roten schneiden im internationalen Vergleich gut ab. Auch einige Weißweine sowie Rosé aus Damianica und Khan Krum liegen gut im Rennen. Die teils in Deutschland sehr beliebten halbtrockenen Marken Eselsmilch oder Rosenthaler Kadarka werden von Bulgaren verabscheut, stehen aber auf den Weinkarten der Lokale an der Küste. Familien auf dem Land produzieren außer Rakija auch ihren eigenen Wein. Eine bulgarische Winzerweisheit besagt: In Monaten, in denen der Buchstabe „r" vorkommt, sollte man Rotwein trinken. In den übrigen ist Weißwein zu empfehlen.

Eintauchen ins Gestern: Nesebär

WIEDERGEBURTS-HÄUSER

Die traditionellen bulgarischen Wohnhäuser im Stil der nationalen Wiedergeburt (18./19. Jh.) sind in großer Zahl in den Altstädten von Nesebär und Sozopol zu sehen. Wohlhabende Geschäftsleute gaben in der Regel diese Häuser in Auftrag. Noch bis vor hundert Jahren waren bedeutend mehr Häuser erhalten. Doch nach der Befreiung von den Türken bevorzugten die Bulgaren die als modern geltende westeuropäische Wohnarchitektur. Alte Häuser wurden bedenkenlos abgerissen. Zahlreiche Brände vernichteten zudem viel alte Bausubstanz.

Das Wiedergeburtshaus an der Schwarzmeerküste ist meist zweistöckig. Das untere Stockwerk ist aus Stein, das obere aus Eichenholz. Es ragt gewöhnlich über das untere hinaus und liegt sehr nahe an dem des gegenüberliegenden Hauses. Diese fast ineinander greifenden Erker und Balkone sorgen in den heißen Sommermonaten für kühlen Schatten.

ORPHEUS' WÜRDIGE ERBEN

Was auch immer gefeiert wird,
Musik gehört an der Bulgarischen Schwarzmeerküste dazu

> Bulgaren feiern gern und ausgiebig – weniger den Geburtstag als den eigenen Namenstag, zu dem keine Einladung fällig ist, sondern jeder einfach zur Party kommen kann. Waren im Sozialismus Ostern und Weihnachten zu Gunsten der Oktoberrevolution und der Befreiung vom Faschismus gestrichen, dominieren heute wieder die christlichen Feiertage. Geblieben ist aber das Fest des slawischen Schrifttums, an dem herausgeputzte Schüler durch die Straßen marschieren.

▪ OFFIZIELLE FEIERTAGE

1. Jan. (Neujahr); **3. März** (Nationalfeiertag); **Ostern** (nach dem orthodoxen Kalender: 27./28. April 2008, 19./20. April 2009); **1. Mai** (Tag der Arbeit); **6. Mai** (Georgstag – Tag der Armee); **24. Mai** (Tag der bulgarischen Bildung und Kultur/Fest der Brüder Kyrill und Method); **6. Sept.** (Tag der Vereinigung); **22. Sept.** (Tag der Unabhängigkeit); **1. Nov.** (Tag der Volksaufklärer); **25./26. Dez.** (Weihnachten)

Insider Tipp

▪ FESTE & FESTIVALS ▪

Veranstaltungen werden aus Geldmangel oft in letzter Minute abgesagt. Am besten erkundigen Sie sich im Hotel oder im Fremdenverkehrsbüro vor Ort.

Februar

14. Feb.: *Trifon Saresan*, Fest der Winzer in den Weinanbaugebieten; Liederfestival *Meer & Memories*, Varna

1. März

Zum Frühlingsanfang schenken sich Bulgaren eine *marteniza*, rote und weiße ineinander geflochtene Fäden. Sie sollen dem Beschenkten Gesundheit, Glück und Liebe bringen. Wird der erste Storch gesichtet, kommt die *marteniza* an den Ast eines blühenden Baumes.

Mai

6. Mai: *Georgiovden* (Georgstag). Außer zahlreichen Militärparaden ist zum Tag des Schutzheiligen der Armee privat ein Lammbraten fällig. Moslems begehen

> EVENTS
FESTE & MEHR

den Tag mit Feierlichkeiten im Kloster *Arat Teke* in Obročište.

21. Mai: *Sveti Konstantin und Elena*, Fest zu Ehren des Kaisers Constantin, der 313 das Christentum anerkannte. Die Heilige Elena war seine Mutter. Im Strandža-Gebiet zeigen ⭐ *Nestinari* ihre Feuertänze.

Juni
Anfang Juni: *Internationale Medien Events*, die bulgarische Version des Festivals von Cannes, Albena

Anfang Juni bis Mitte August: Internationales Festival ==Varnaer Sommer== mit klassischen Konzerten, Oper, Ballett, Folklore und Jazz, Varna

Mitte Juni: Bulgarischer Kinderliederwettbewerb *Süß singende Lerche*, Burgas

Mitte Juni: Sängertreffen *Strandža singt*, Gramatikovo

Internationales Schlagerfestival *Goldener Orpheus*, Sonnenstrand

==Klassische Konzerte== in den Höhlen von Madara

Festival der orthodoxen Musik, Pomorie, *www.orthodoxvoices.org*

Festival *Prozess-Raum* in Balčik: Musik, Theater, Performance, Multimedia

Juli
Internationales Kinderfolklorefestival, Ravda

August
Ende August: *Internationales Folklorefestival* in Burgas

Ende August/Anfang September: Internationales Filmfestival *Love Is Fully*, Varna

1.–10. Sept.
==Apollonia== – das Festival in Sozopol mit Theater, Klassik, Jazz und Rock ist Kult und absoluter Szenetreff.

Oktober
Anfang Oktober: Internationales Puppentheaterfestival *Goldener Delphin*, Varna

Festival des bulgarischen Films *Goldene Rose* seit 1961, Varna

> ORIENT UND OKZIDENT IN EINEM TOPF

Viel Gemüse, viel Fleisch, viele Kräuter und viele viele Kalorien:
Die Küstenküche schöpft in jeder Hinsicht aus dem Vollen

> Bulgariens Lage an der Grenze zwischen Asien und Europa prägt seine vielfältige Speisekarte. Die traditionellen heimischen Gerichte wurden stets durch die Küchen der Nachbarländer bereichert. Viele Speisen und Getränke tragen auch heute türkische oder griechische Namen.

Essen und Trinken spielt im Leben der Bulgaren eine zentrale Rolle. Zu Hause oder im Restaurant wird gern und lang getafelt. Die vielen Cafés, Konditoreien, Restaurants und die volkstümlichen Lokale *hanče* und *mehana* sind immer gut besucht. Das Angebot ist meist auch in Englisch und Deutsch geschrieben.

Bulgaren beginnen ihr Mahl stets mit einem Salat. Im Sommer besteht er aus den frischen Gemüsesorten der Saison, oft bestreut mit Schafskäse. Besonders lecker schmeckt im Frühjahr der grüne *zelena salata* mit Gartenlattich, Zwiebellauch, Dill und hart gekochten Eiern. Der Salat mit

> *www.marcopolo.de/bulgarien-meer*

ESSEN &
TRINKEN

dem Namen Schneewittchen *(sne-žanka)* wird aus Sauermilch, Gurken, Dill, gepresstem Knoblauch und geriebenen Walnüssen zubereitet.

Zum Salat gehört traditionsgemäß ein guter Schnaps. Er bereitet nicht nur den Magen auf das folgende, meist sehr kalorienhaltige Essen vor, sondern regt zugleich den Gedankenaustausch bei Tisch an. Bevorzugt wird der *grozdova rakija* aus Weintrauben. Kenner schwören auch auf den Anisschnaps *mastika* oder den *slivova rakija* aus Pflaumen. Vorsicht beim Bestellen des Aperitifs in Restaurants: Der Kellner bringt in der Regel die für Bulgarien üblichen 100 g im Glas. Bei mindestens 40 % Alkoholgehalt ist das für Einsteiger eine starke Dosis. Bestellen Sie lieber *edna malka rakija* (einen kleinen Schnaps). Das sind 50 g, die Menge, für die auch der in der Speisekarte angegebene Preis gilt.

Die bulgarische Küche ist sehr arbeits- und zeitaufwändig. Das Aroma der Produkte soll sich voll entfalten können, und so wird grundsätzlich auf kleiner Flamme, vorzugsweise im Tontopf, oft stundenlang geschmort oder gebacken. Hinzu kommen die sehr vielfältigen, ausgezeichneten einheimischen Gewürze. Bulgarien ist der drittgrößte Kräuterexporteur der Welt.

Nach dem Salat kommt Suppe auf den Tisch. An heißen Sommertagen ist der kalte *tarator* eine köstlliche Erfrischung: Gurken, Knoblauch, Dill, Nüsse und Olivenöl in verdünntem

> SPEZIALITÄTEN
Genießen Sie die typisch bulgarische Küche!

baklava – süße, sirupgetränkte Blätterteigtaschen mit Nüssen

banica – Blätterteigtaschen gefüllt mit Schafskäse, Porree oder Spinat

file elena – in Kräuter gehülltes, getrocknetes, dünn geschnittenes Fleisch

gjuveč – Fleisch und Gemüse im Tontopf gebacken

imam bajaldă – gebackene Auberginen gefüllt mit Tomaten und Hackfleisch

kačamak – Maisbrei mit Schafskäse, Butter und Ei überbacken

kavărma – Fleischstückchen mit Zwiebel und Paprika im Tontopf

kjopolu – Auberginenpüree mit Knoblauch

kjufte – Klößchen aus Hackfleisch und Zwiebel vom Grill

kozunak – Osterzopf mit Rosinen

ljuti čuski – scharfe Peperoni, frisch oder eingelegt

miš-maš – Tomaten, Paprika, Schafskäse und Rührei aus der Pfanne

musaka – Kartoffeln und Hackfleisch überbacken mit Eiern und Joghurt

nadenički – gegrillte Würste

palacinka – süß gefüllter Pfannkuchen

pečeni čuski – geröstete und gehäutete Paprika in Essig

riba plakiya – in der Röhre gedünsteter Fisch

salata bob – weiße Bohnen mit Zwiebellauch in Essig und Öl

sărmi – Hackfleisch mit Reis in Wein- oder Kohlblätter gewickelt

sirene po šopski – gebackener Schafskäse mit Tomaten und Ei im Tontopf (Foto)

šopska salata – frische Tomaten, Gurken, Paprika, Zwiebeln, Petersilie bestreut mit Schafskäse

sudžuk – salamiartige Wurst in Hufeisenform, in dünne Scheiben geschnitten

vinen kebap – Fleischstückchen in Wein aus dem Tontopf

vreteno – Filetroulade gefüllt mit Käse und Pilzen

Joghurt. Sehr lecker sind auch die traditionelle Bohnensuppe *bob čorba*, die nach zu viel Alkohol gar als Heilmittel geltende Fleckensuppe *škembe čorba* aus Pansen mit Milch und die für die Schwarzmeerküste typische deftige Fischsuppe *ribena čorba*.

Beim Hauptgericht dominieren Schweine-, Geflügel- und Rindfleisch, meist vom Holzkohlegrill *(skara)*. Vorher mariniert, bekommt es einen feinen Geschmack. Fleisch mit viel Gemüse im Tontopf, mit Schafskäse und Ei gefüllte Paprikaschoten, gebackene Auberginen, Hackfleisch mit Reis in Wein- oder Kohlblätter gewickelt, frittierte Zucchini oder Kartoffelauflauf mit Hack sind weitere typisch bulgarische Gerichte.

An der Küste ist das Fischangebot reichhaltiger als im übrigen Land. Allerdings stammt der Fisch nicht unbedingt aus dem Schwarzen Meer. Empfehlenswert sind die heimischen Sorten Steinbutt *(kalkan)*, Blaufisch *(lefer)*, Stachelmakrele *(safrid)* und der thunfischartige Bonito *(palamud)*.

Westeuropäische Besucher sind oft irritiert, dass die Speisen selten heiß serviert werden. Bulgaren bevorzugen das Essen lauwarm oder kalt. Eine Besonderheit ist auch das separate Ordern der Beilage *(garnitura)*. Gemüse und Kartoffeln werden extra bestellt. Einheimische essen in der Regel zu Vor- und Hauptspeise Weißbrot *(hljab)*.

Zum feinen Essen gehört ein guter einheimischer Wein. Typische Rotweinsorten sind die trockenen *Gămza* und *Mavrud*. Ausgesprochen gute Weißweine sind der *Misket* aus Strandža und der Traminer aus Khan Krum. Ausgezeichnete Qualität haben die Weine aus den Regionen Melnik, Russe, Sliven und Suhindol. Dazu passen hervorragend der Hartkäse *kaškaval* oder mit Schafskäse be-

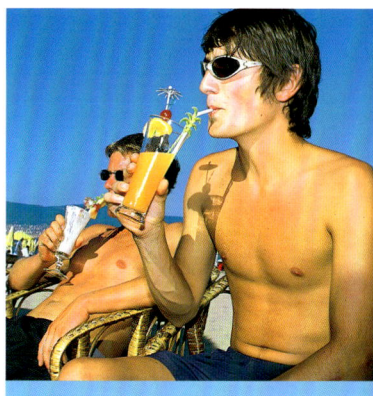

Keine Strandbar ohne Cocktails

streute Pommes *(kartofki săs sirene)*. Bulgarisches Bier ist süffig und preiswert. Probieren Sie die einheimischen Marken *Kamenica, Zagorka und Šumensko pivo*. Das Mineralwasser ist von sehr guter geschmacklicher Qualität und stammt aus den zahlreichen bulgarischen Heilquellen.

Zum Nachtisch wird Obst oder Süßes serviert. Noch aus der Zeit der türkichen Herrschaft stammen die in Zuckersirup buchstäblich schwimmenden Teigwaren. Besonders lecker ist die Blätterteigtasche mit Kürbisfüllung *tikvenik* sowie die flache, extrem süße Schokoladentorte *garaž*.

Beim abschließenden Kaffee bevorzugen die Bulgaren den Espresso. In einigen Lokalen auf dem Lande gibt es auch türkischen Kaffee. Filterkaffee servieren fast nur die von ausländischen Gästen bewohnten Hotels.

SALZFISCH UND HERRENSCHOKI

Vom Shopping an der Schwarzmeerküste profitiert
vor allem der gute Geschmack

> In Zeiten der Globalisierung wird es auch in Bulgarien immer schwieriger, wirklich authentische Mitbringsel und Geschenke zu entdecken. Die internationalen Handelsketten haben die Schwarzmeerküste längst besiedelt und bieten so ziemlich alles, was Sie auch in Berlin, Bern oder Wien kaufen können. Kitschige Souvenirs made in Irgendwo säumen vor allem die Touristenpfade. Doch mit ein wenig Aufmerksamkeit lässt sich doch das eine Schöne und das andere Leckere ausmachen.

Als *menteta* werden in Bulgarien die unzähligen gefälschten Markenartikel bezeichnet, die inzwischen die Bulgarische Schwarzmeerküste buchstäblich überschwemmen. Von vorgeblichen Levis-Jeans und Adidas-Sportanzügen bis zu scheinbaren Rolex-Uhren und Ray-Ban-Sonnenbrillen gibt es Kopien aller angesagten Produkte zu verdächtig niedrigen Preisen auf offener Straße. Bei derart verlockenden Angeboten sollten Sie aber wissen, dass auch der Kauf dieser Produkte ungesetzlich ist.

BAUERNMÄRKTE

Einmalig ist der Besuch eines Bauernmarktes. Fast jeder Schwarzmeerort hat seinen eigenen bunten *pazar*, auf dem täglich taufrisches Obst und Gemüse, Gewürze, Tee, Honig und Nüsse angeboten werden. Typische Erzeugnisse für die Küste sind die hausgemachte Feigenmarmelade oder die getrockneten Salzfische *tschirus*. Vor allem für Vegetarier ist der bulgarische Bauernmarkt ein regelrechtes Paradies. Probieren vor dem Kauf ist meistens ausdrücklich erlaubt. Die Preise sind grundsätzlich angeschrieben, jedoch vor allem bei ansteigender Menge verhandelbar.

LEBENSMITTEL

Ein spannendes Einkaufsfeld sind die lukullischen Produkte Bulgariens. Gewürze bewahren auch zu Hause ihren typischen Geschmack: das Bohnenkraut *čubrica* oder der Kräutermix *šarena sol* (buntes Salz), die Sie beim Kochen und Braten nehmen oder einfach auf Brot und Schafskäse streuen. Letzterer lässt sich

> EINKAUFEN

übrigens ganz praktisch in der Ein-Kilo-Metalldose mit nach Hause nehmen.

Zu empfehlen sind zudem der bulgarische Bienenhonig sowie die zahlreichen Kräutertees. Wer Süßes mag, der sollte unbedingt die bulgarische Schokolade probieren: den Pausensnack *Moreni*, die Vollmilchschokolade mit Sesam von *Svoge* oder die Herrenschokolade aus der Familienfabrik *Koleff*. Ausgesprochen lecker sind auch *Halva* (geriebener Sesam, Honig, Nüsse und Kakao) sowie *Lokum* – eine viereckige, geleeartige Süßigkeit.

der Tipp

SOUVENIRS

Seit Jahrzehnten ist das klassische Souvenir an der Bulgarischen Schwarzmeerküste die Riesenschnecke *rapan*, deren Schneckenhaus zu unzähligen Kunststücken verarbeitet wird. Beliebtes Mitbringsel ist auch das in einem kleinen Holzgefäß im Rosental abgefüllte Rosenölparfüm. Oder schöne Fläschchen mit Rosenwasser. Originell und preiswert sind Ikonenkopien, die Sie am besten in

der Tipp

einer Galerie kaufen, denn bei der eventuellen Zollkontrolle benötigen Sie den Stempel, der bekundet, dass sie nicht aus einer Kirche entwendet sind. Vorsicht ist deshalb auch beim Kauf wirklicher Antiquitäten geboten, die nur mit einem entsprechenden Zertifikat ausgeführt werden dürfen.

Holzschnitzereien, Puppen in Bauerntrachten oder Bildbände über die Kirchen in Nesebär in deutscher Sprache sind ebenfalls beliebte Geschenke. Weitere schöne Mitbringsel für Daheimgebliebene sind Schalen, Teller oder Becher aus der typischen Troyan-Keramik, mit nationalen Motiven bestickte Tischdecken oder altertümliche Kupfergefäße.

Insider Tipp

WEIN & SPIRITUOSEN

Bulgarische Rotweine genießen einen guten Ruf und sind in den verschiedensten Variationen und aus den unterschiedlichsten Kellereien überall zu haben. Der Weinbrand *Pliska* oder der ausgesprochen preisgünstige Sekt *Iskra* sind empfehlenswert.

> GOLDENER STRAND, SILBERNE KÜSTE

In den großen Seebädern im Norden boomt der Tourismus, doch auch wer Stille und Kultur sucht, wird fündig

> Der sich nördlich des Balkangebirges erstreckende Küstenabschnitt ist geprägt von der Weite des Dobrudža-Plateaus, Bulgariens Kornkammer. Die scheinbar endlosen Weizenfelder erstrecken sich bis an die oft steinigen Meeresufer.

Die Städte lassen sich schon von weitem an ihren riesigen Kornsilos erkennen. Dort, wo die Strände sandig sind, florieren große internationale Ferienbäder wie Riviera, Goldstrand und Albena. Nahe der Grenze zu Rumänien sind die beachtlichen Sandstreifen noch jungfräulich, werden aber bereits für weitere Hotelburgen vermessen. Sie lohnen gerade jetzt, wo alles noch still und ruhig zugeht, einen Besuch. Und hier an der nördlichen Küste gibt es noch einige andere Möglichkeiten, dem wachsenden Touristenandrang zu entkommen, etwa in den zahlreichen Naturreservaten entlang der Zugvögelroute Via Pontica.

Bild: Goldstrand

DER NORDEN

Das Zentrum des Nordens ist die Metropole Varna, die teuerste Stadt Bulgariens. Die für größere Häfen charakteristische Mischung aus Schwarzhandel, Schmuggel und Rotlichtmilieu hat hier schon vor der politischen Wende für besonderen Wohlstand gesorgt.

Heute profitiert die Bevölkerung Varnas in erster Linie vom Urlauberboom. Historische Sehenswürdigkeiten wie das Schloss Balčik oder die Ruinen der Festung auf dem Kap Kaliakra bieten eine angenehme Abwechslung zu Sonnenbädern am warmen Meer und sind eine gute Gelegenheit, mehr über das Leben und die Geschichte der Küstenbewohner zu erfahren. Zwischen komfortablen Urlaubskomplexen und verschlafenen Fischerdörfern scheint hier kein Widerspruch zu sein. Die vielseitige und ausgesprochen reizvolle Natur sorgt für harmonischen Ausgleich.

ALBENA

[113 E4–5] **Das riesige Hotel Dobrudža ist schon von weitem zu sehen. Bald werden auch die für Albena typischen, wie Pyramiden am Strand aneinander gereihten Hotels erkennbar.** 1968 wurde die zu den jüngsten bulgarischen Feriensiedlungen zählende Anlage auf dem bis dahin unbewohnten attraktiven Gelände errichtet. Mineralwasser üben ihre wohltuende Wirkung auf die Urlauber aus. Der Strand wurde mit der international begehrten Blauen Flagge ausgezeichnet. Fast unmittelbar am Meer liegen 43 Hotels mit 12 750 Betten. An die einst umstrittene kubistische, stufenartige Architektur haben sich inzwischen alle gewöhnt. Die schattigen Hotels am Hang mit eigenem Pool

Beachvolleyball in Albena: Die Jungen entdecken Bulgariens Küste für sich

errichtet. Der Ferienort, in dem fast ausschließlich Urlauber wohnen, trägt den Namen einer literarischen Mädchenfigur des bulgarischen Schriftstellers Jordan Jovkov. Albena gilt als Symbol von Schönheit und Reinheit.

Die Ferienoase hat den Namen durchaus verdient: Frische Seeluft, grüne, angrenzende Wälder und das aus dem Boden sprudelnde heilende sind ebenfalls gut, wenn auch vom Strand weiter entfernt. Dank beschränkter Zufahrt hält sich der Verkehr in Grenzen. Das Zentrum ist Fußgängerzone. Im Gegensatz zu den anderen großen Badeorten wurde Albena komplett privatisiert. Deshalb sind nicht nur Hotels und Restaurants modernisiert, sondern gleich die ganze Infrastruktur. Die ausgezeichneten Sportangebote sind ein weiterer Pluspunkt Albenas. Zum Areal gehört auch das Naturreservat Baltata – ein herrlicher Auenwald mit schilfigem Tal an der Mündung des Flusses Batova. Hier wachsen Feldahorne, Ulmen, Erlen und Birken – umrankt von lianenartigen Pflanzen, die dem Ganzen Urwaldcharakter verleihen.

ESSEN & TRINKEN

MOBY DICK

Gutes und preiswertes Fischrestaurant am nördlichen Ende der Uferpromenade. *Tel. 0579/626 60 | €*

ORCHIDEA

Typisch bulgarische Küche im Restaurant des Hotelkomplexes Orchidea.

Schöne Terrasse am Pool. *Tgl. 11–16 und 19–23 Uhr | im oberen Teil des Seebads | Tel. 0579/629 15 | €€*

SINIO NEBE ✿

„Blauer Himmel" heißt das Feinschmeckerrestaurant auf dem Dach des Hotels Dobrudža. Das Lokal mit tollem Blick auf die Küste ist spezialisiert auf französische und mediterrane Küche. *Tgl. 12–16 und 18–23 Uhr | Tel. 0579/628 32 | €€€*

ÜBERNACHTEN

HOTEL DOBRUDŽA

Das 17-stöckige Haus ist das Zentrum Albenas und hat als einziges am Ort das ganze Jahr über geöffnet. Nicht besonders luxuriös, aber

MARCO POLO HIGHLIGHTS

⭐ **Manastir Arat Teke**
Lebensenergie pur: das Kloster mittelalterlicher Derwische (Seite 36)

⭐ **Schloss Balčik**
Wo eine rumänische Königin Orient und Okzident vereinte (Seite 37)

⭐ **Jailata**
Gefährliche Klippen und antike Grabstätten (Seite 41)

⭐ **Nos Kaliakra**
70 Meter hohe, atemberaubende Felsen (Seite 42)

⭐ **Nos Šabla**
Majestätischer Leuchtturm zwischen goldgelben Kornfeldern (Seite 43)

⭐ **Taukliman**
Abgeschiedene Vogelbucht und Urlaubsoase (Seite 43)

⭐ **Archeologičeski muzej**
Das älteste Goldgeschmeide der Welt in Varna (Seite 47)

⭐ **Primorski park**
Die schöne „grüne Lunge" von Varna (Seite 49)

⭐ **Rimski termi**
Antikes Fitnesszentrum im Herzen Varnas (Seite 49)

⭐ **Delta des Kamčija**
Bulgariens Dschungel (Seite 53)

⭐ **Aladža manastir**
Mittelalterliches Kloster, im Fels versteckt (Seite 56)

wegen der reichhaltigen Thermalbehandlungen sehr beliebt. *239 Zi. | 43 Apts. | im Zentrum | Tel. 0579/620 20 | Fax 622 16 | www.albena.bg | €€*

HOTEL GERGANA BEACH

Das 3-Sterne-Hotel grenzt an das Naturreservat Baltata. Von den ☼ oberen Etagen eröffnet sich ein prächtiger Blick auf Wald und Meer. Die Zimmer zur Straße sind recht laut wegen der dort wendenden Bimmelbahnen und Busse. Gegenüber dem Hoteleingang starten **Bootstouren durch das Baltata-Reservat.** Auskunft an der Rezeption. *282 Zi., Tel.*

Insider Tipp

>LOW BUDGET

> Symbolische Preise für gute Rockkonzerte mit internationalen Acts zahlen Sie in Kavarna. Stadion Kaliakra | http://kavarna.pro-rock.net/

> Entlang der Flaniermeile von Albena gibt es preiswerte Mode, gepaart mit Kitsch. Vom Hotel Dobrudža in Richtung Norden

> Zur *Happy Hour*, täglich am frühen Abend, bieten die meisten Bars am Goldstrand und in Albena ihre Drinks günstiger an.

> Frisch und preiswert ist Schwarzmeerfisch auf Varnas tgl. Fischmarkt **[U B4]**. D-r Piskjuliev/G. Benkovski

> *Oblak* – Wolke – nennen die Einheimischen diesen preiswerten, erfrischenden Cocktail aus Pfefferminzlikör und Anisschnaps. Er wird Ihnen gern in jeder Kneipe gemixt.

> Frisch, gut, günstig: Obst und Gemüse direkt vom Bauernhof tgl. auf dem Čataldža-Markt **[U E2]** in Varna. Osmi Primorski Polk/Bul. Čataldža

0579/620 10, | Fax 629 68 | www.albena.bg | €€

HOTEL KALIOPA

Renoviertes Hotel direkt am Strand mit Pool und Tennisplätzen. Ausgezeichnetes Restaurant mit Bar. *141 Zi. | Tel. 0579/629 12 | Fax 627 09 | www.albena.bg | €€€*

■ FREIZEIT & SPORT ■

SPORT

Radfahren macht in und um Albena richtig Spaß. Das Terrain ist angenehm flach und die Straßen sind gut asphaltiert. Schöne Touren lassen sich etwa zum Kloster Arat Teke und nach Balčik unternehmen. Fahrräder vermietet jedes Hotel.

Der Reitclub an der Hauptstraße ist sowohl für Anfänger als auch Fortgeschrittene geeignet *(Tel. 0887/74 61 42 | rechts vom Haupteingang hinter dem Busbahnhof).* Tennisplätze gibt es am Hotel Ralitsa. Der Yachtclub bietet Surf-, Segel-, Wasserski- und Tauchkurse *(Tel. 0579/623 80 | www.albena.bg).*

JEEPSAFARI UND BESUCH EINER SCHNAPSBRENNEREI

Das auf den ersten Blick absurde Angebot entpuppt sich als interessanter Ausflug. Geschulte Chauffeure fahren die Touristen durch das einem Dschungel nicht unähnliche Batova-Reservat und sorgen dafür, dass ihr Führerschein auch nach der Schnapsverkostung gültig bleibt.

THALASSOKUREN

Auch wer nicht im Dobrudža-Hotel wohnt, darf seinem Körper die wohltuenden Schlammbehandlungen und

DER NORDEN

Bequem und nahezu ungefährlich: Mit dem Jeep durch den „Dschungel" der Batova

Therapien im konstant 30°C warmen Mineralwasser gönnen. Nach asiatischer Massage und einer Paraffinpackung sind Sie wie neu geboren. Viel versprechende Entfettungs- und Entschlackungskuren mit Algen, Bienenhonig oder Kräutern runden das Wellnessangebot ab. *Tel. 0579/ 623 06 | spa@albena.bg*

◼ AM ABEND

ARABELLA
Abtanzen auf einem Piratenschiff am nördlichen Ende Albenas. Vorher gibts Fischspezialitäten und orientalische Tänze. *Tgl. 22–4 Uhr*

DISCO LAGUNA
Im Bazar-Komplex gegenüber dem Strand trifft sich die Jugend zu internationalen Dancefloorhits. *Tgl. 22–4 Uhr*

◼ AUSKUNFT

Die Touristeninformation ist im Bazar-Komplex an der Promenade untergebracht, gleich neben der Post. Ausflüge, Autovermietung, Sport- und Wellnessangebote werden hier direkt vermittelt. *Tel. 0579/636 45 | Fax 636 47 | www.albena.bg*

◼ ZIELE IN DER UMGEBUNG ◼

BATOVA-MÜNDUNG   [113 E5]
3 km südlich von Albena mündet die Batova ins Schwarze Meer. Dank der fruchtbaren Erde, die sie heranschwemmt, wächst dort ein märchenhafter, von Schlingpflanzen geprägter Wald, Limanenwald genannt. Weil die vom Meer gebildeten Sandbänke den Flusslauf immer wieder versperren, muss sich das Süßwasser stets neue Wege suchen, um ins Meer zu gelangen. Dadurch entstand ein breites Areal fruchtbarer toter Flussarme, die mit vielen seltenen Pflanzen bewachsen sind und exotischen Vögeln Unterschlupf bieten. Das Baltata-Reservat lässt sich am besten per Boot (Abfahrt gegenüber dem Hotel Gergana) erkunden.

KRANEVO [111 E5]

Das Dorf (971 Ew.) südlich der Mündung der Batova war während des Sozialismus eines der größten Kinderferienlager Bulgariens. Heute ist es ein stiller Küstenort, in dem vor allem Bulgaren ihre Ferien verbringen. So spannend wie malerisch ist **ein Spaziergang von Albena entlang des Strandes bis Kranevo.** Die Batova kommt dort aus dem Wald und durchschneidet den Strand bis zum Meer. Sie können barfuß durch das flache, kalte Flusswasser zur anderen Strandseite waten und anschließend Rast in einer der gemütlichen Dorfkneipen am Wasser machen. Empfehlenswert ist das *Hotel Kristel Park (104 Zi. | 9 Apts. | Černo more 1 | Tel. 0579/666 70 | €). 3 km*

Insider Tipp

MANASTIR ARAT TEKE (KLOSTER ARAT TEKE) ⭐ [113 E4]

In einem schönen grünen Park am Ortseingang des Dorfes Obročište liegen die Reste des mohammedanischen Klosters Arat Teke (arabisch: *Ak Sakkali Baba*). Es bestand aus einem Mausoleum des moslemischen Heiligen Ak Sakkali Baba (Der weißbärtige Vater) und einem Imaret – einem Haus, in dem Wandermönche auf dem Weg nach Mekka kostenlose Unterkunft und Bewirtung fanden. Das im 14. Jh. errichtete Mausoleum ist bis heute erhalten und zeigt, wie sich Menschen damals gegen Naturgewalten zu schützen wussten. Bleirohre im Inneren der Ziegelsteine gaben Halt bei Erdbeben. Die Decke ist mit Figuren und stilisierten Pflanzenornamenten verziert. In der Mitte des Turms liegt das Grab Ak Sakkali Babas. Der verräucherte Küchen-schornstein der Herberge, in der einst bis zu 200 Derwische beköstigt wurden, ist noch zu sehen.

Auch für Christen hat das Grab Bedeutung. Bulgaren sehen in ihm die letzte Ruhestätte des Heiligen Atanas, Beschützer der Haustiere. Der Sarkophag ist stets mit Blumen dankbarer Gläubiger bedeckt. Wer seine Hand in die obere Öffnung steckt, darf sich etwas wünschen und sollte danach dreimal im Kreis gehen, damit der Wunsch in Erfüllung geht. Auf dem Gelände werden auch klassische Konzerte gegeben. *Tgl. 9.30–16.30 Uhr | Eintritt 1,50 Euro | Konzerte So 20–21 Uhr | Tel. 0579/ 631 93, 0899/30 09 13. 3 km*

BALČIK

[113 E4] **Die stille Bucht, gerahmt von 100 m hohen Kalksteinhängen, fasziniert auf den ersten Blick.** Zahlreiche, durch einen Erdrutsch in Richtung Meer verschobene Felsformationen prägen die Landschaft. Inmitten des steinernen Wirrwarrs strahlen malerisch die einzelnen Stadtviertel der subtropischen Stadt Balčik (13 900 Ew.): weiß getünchte Häuser mit feuerroten Dächern und grünen Gärten, die sich vom Hintergrund der hellen Felsen stark abheben. Es scheint, als ob sie alle wie auf einer riesigen Wasserrutsche in Richtung Meer abdriften.

Balčik gilt als die schönste Stadt nördlich von Varna und ist der drittgrößte Hafen an der Bulgarischen Schwarzmeerküste. Während der rumänischen Besatzung nach 1912 wurde Balčik Silberküste genannt und avancierte zum Zentrum der rumänischen Aristokratie. Die Romantik von Balčik blieb trotz der Modernisierung der letzten Jahrzehnte erhalten: die kopfsteingepflasterten, engen Gassen, die altertümlichen Häuser, die malerischen Gärten und vor allem das Schloss der Königin Maria mit dem botanischen Garten.

■ SEHENSWERTES ■
SCHLOSS BALČIK ★

Das Schloss von Balčik und der botanische Garten der rumänischen Königin Maria, Mutter des letzten rumänischen Königs, sind ein Muss für jeden Besucher. Maria war leidenschaftliche Anhängerin des Bahaismus, der die Vereinigung aller Religionen und den Kult der Schönheit predigt. Das schlug sich vor allem im eklektischen Baustil des Schlosses nieder: eine ausgefallene, aber gelungene Mischung aus antiken, maurischen, gotischen und altbulgarischen Elementen – eine wahre Brücke zwischen Orient und Okzident. Das Hauptgebäude gleicht einem orthodoxen Kloster mit moslemischem Minarett. Im Park gibt es eine kleine christliche Kirche, die Stein für Stein von der Insel Kreta nach Balčik transportiert wurde. Sehenswert ist auch das Sommerbad im römisch-arabischen Stil. Alte griechische Amphoren, türkische Grabsteine, Kreuze aus Moldawien und Bessarabien säumen die Alleen. Der Schlosspark wurde dem sagenhaften Labyrinth von Knossós auf Kreta nachempfunden.

Der größte Reichtum des Schlosses aber ist der 6,5 ha große botanische Garten. Vom subtropischen Klima und den mineralhaltigen Wasserquellen profitieren hier über 3000 Pflanzenarten aus dem Mittel- und

Üppige Schönheit: der botanische Garten im Park von Schloss Balčik

BALČIK

Schön essen und anderen bei der Arbeit zusehen: Hafenlokal in Balčik

Schwarzmeerraum, aus dem Pazifik, Südasien und Südamerika. Insider Tipp Der Kakteengarten ist der zweitgrößte Europas und bietet von der ❧ Parkterrasse aus eine tolle Aussicht aufs Meer. Sehenswert sind ferner der große Rosengarten, der unmittelbar am Strand liegt, und die älteste Magnolie auf der Balkanhalbinsel. Der botanische Garten ist der Sofioter Universität, das Schloss dem bulgarischen Kultusministerium unterstellt. Da sich beide Institutionen nicht über eine gemeinsame Verwaltung einigen konnten, gibt es zwei Direktionen, zwei Wachschutzteams und zwei Kassen – eine für das Schloss und eine für den Garten! *Tgl. 8–20 Uhr | Eintritt: 2,50 Euro Garten | 2,50 Euro Schloss | Führung in Deutsch: 5 Euro Garten | 7,50 Euro Schloss*

▮ ESSEN & TRINKEN ▮

BJALA KASCHTA

Das „weiße Haus" liegt zwischen Schloss und Hafen und hat eine gute Küche. Auch die Hotelzimmer sind zu empfehlen. *Geo Milev 18 | Tel. 0579/738 22 |* €€

RESTAURANT STARATA LODKA

Gute Fischerkneipe mit Terrasse direkt am Wasser. Bei schönem Wetter ist die Skyline von Albena gut zu sehen. Empfehlenswerte Fischsuppe. *Primorska 22 | Tel. 0889/43 43 05 |* €

QUEEN'S WINERY HOUSE ❧

Insider Tipp

Weinverkostung im Schlossgarten von Balčik. 70 000 Flaschen zählt die größte Weinsammlung Bulgariens. Besonders wertvoll der älteste Gamza von 1909 und der Eiswein aus der Region Varna. Für Abstinenzler ist das *Cafe Lilia* mit arabischen und indischen Kaffeespezialitäten unterhalb des Weinkellers zu empfehlen. *Tel. 0887/07 52 68 | annaslav cheva@yahoo.com |* €€€

▮ EINKAUFEN ▮

BAZAR

Balčiks kleiner zentraler Markt ist gemütlich. Außer frischem Obst und Gemüse der Umgebung bieten die kleinen Läden am alten Hafenspeicher Handwerk, Kunst und Textilien an. *Tgl. 9–20 Uhr | Ploschtad Ribarski*

■ ÜBERNACHTEN

HOTEL DVATA PETELA

Das Familienhotel „Zwei Hähne" liegt unmittelbar an der Küste und nur ein paar Schritte vom Schloss der rumänischen Königin entfernt. Die mit Holz verzierten Balkons bieten Meeresblick, der Pool ist mit Mineralwasser gespeist. *6 Zi. | 22 Apts. | Samara 3 | Tel. 0579/764 60 | Fax 764 55 | www.netplusdb.bg/2petela | €€*

HOTEL LOTOS

Das Familienhotel direkt am Wasser hat das ganze Jahr geöffnet, verfügt über eine eigene Yacht und ein gutes ✼ Panoramarestaurant *(tgl. 8–24 Uhr). 10 Zi. | 1 Apt. | Primorska 12 | Tel. 0579/721 96, Fax 721 95 | www. hotel-lotos.com | €*

HOTEL MISTRAL

Das jüngst mit einem Preis ausgezeichnete Hotel liegt direkt am Yachthafen. *34 Zi. | 4 Apts. | Primorska 8 | Tel. 0579/711 30 | Fax 770 17 | www. hotelmistralbg.com | €€€*

■ FREIZEIT & SPORT

Am Hafen starten Ausflugsboote entlang der schönen Silberküste. *5 Euro pro Std. | Touren mit einer Yacht ab 7 Personen: 2,50 Euro pro Person und Std. | Tagestour von 10–17 Uhr inkl. Baden an einer einsamen Bucht sowie Fisch- und Weinverkostung: 25 Euro pro Person | veneratours@ abv.bg.*

■ AUSKUNFT

AGENTUR ČAJKA

Ribarski 2 | Tel./Fax 0579/720 53 | www.chaikabg.com

KAVARNA

[113 E4] **Hafen und Strand dieser geschichtsträchtigen Stadt (11 500 Ew.) liegen an einer schönen Bucht, die von steilen Felsen und dem Meer umrahmt wird.** Im Norden begrenzt das Kap Čirborun und im Süden das wie abgebissen aussehende Kap Čirakman die Stadt. Kavarna birgt seltene Schätze und ist ein guter Ausgangspunkt für die Sehenswürdigkeiten der Region. Besonders schön ist der gemütliche kleine Hafen mit seinen teilweise erhaltenen mittelalterlichen Kornspeichern. Gegenüber liegt der künstlich angelegte Sandstrand, von dem eine Metallleiter ins Meer führt.

■ SEHENSWERTES

ETNOGRAFSKI MUZEJ (ETHNOGRAFISCHES MUSEUM)

Die volkskundliche Sammlung zeigt vor allem Trachten und Handwerk der Region. *Di–Fr 10–17.30 Uhr | Sava Gantschev 18*

HUDOŽESTVENA GALERIA (GEMÄLDEGALERIE)

Die hier ausgestellte Kunst ist v. a. von der bulgarischen Schwarzmeerküste und ihrer Natur inspiriert. *Di–Fr 10–17.30 Uhr | Aheloj 1*

ISTORIČESKI MUZEJ (HISTORISCHES MUSEUM)

In der ehemaligen Moschee sind thrakische Funde ausgestellt. *Di–Fr 10–17.30 Uhr | Tchirakman 1*

■ ESSEN & TRINKEN

Insider Tipp
BULGARKA ▶▶

Szenelokal, in dem schon Altrocker von Black Sabbath, Uriah Heep und Deep Purple bis spät nachts nach ihren Konzerten tief ins Glas schauten. Ganzjährig geöffnet. *Tgl. 9–2 Uhr | am Meeresufer | Tel. 0570/824 60 | €*

MORSKA SREŠTA

Im „Seemannstreff" finden sich natürlich die Fischliebhaber ein. Die Speisekarte bietet vielfältige Fischgerichte und Muschelspezialitäten. *Am Hafen | Tel. 0570/848 20 | €€*

■ EINKAUFEN

Der überdachte *Bauernmarkt* von Kavarna liegt an der Flaniermeile Dobrotica zwischen Boutiquen und Cafés. In der *Gemäldegalerie (Aheloi 1)* dürfen Bilder und Plastiken bulgarischer Künstler betrachtet und gekauft werden.

■ ÜBERNACHTEN

HOTEL DENITZA

Ganzjährig geöffnetes Haus mit Restaurant und eigenem Mineralwasserpool, 50 m vom Strand. *44 Zi. | 1 Apt. | Itankalăka | Tel. 0570/822 47 | Fax 822 43 | www.hoteldenitza.com | €*

HOTEL MONACO

Gemütliches 3-Sterne-Hotel unmittelbar am Meer. Mineralwasserpool nur 200 m entfernt. *24 Zi. | 12 Apts. | Prostor 24 | Tel. 0570/821 30 | €€*

■ AUSKUNFT

Im Zentrum des Dorfes Bălgarevo gibt es eine Auskunftsstelle mit Informationen zur Geschichte, Flora und Fauna auf Kap Kaliakra und der Region. Broschüren auch in deutscher Sprache. *Tel. 05744/424*

■ ZIELE IN DER UMGEBUNG

DURANKULAK-SEE   [113 F3]

Im hohen Norden der Bulgarischen Schwarzmeerküste gibt es bis heute kaum Spuren vom Massentourismus. Knapp 6 km trennen das landwirtschaftlich geprägte Dorf Durankulak von der bulgarisch-rumänischen Grenze. Besonderer Anziehungspunkt ist das Naturschutzgebiet rund um den gleichnamigen See, das 446 ha große *Durankulaško esero*. Der fischreiche Durankulak-See liegt ein wenig außerhalb des Dorfes und ist der Lebensraum des Wildkarpfens. Er wird von unterirdischen Quellen gespeist. Nur ein schmaler Sandstreifen trennt den See vom Meer. Das schwach durchdringende Meereswasser verleiht dem See einen leicht salzigen Geschmack.

Mitten im Naturschutzgebiet liegt das Lokal Zlatna ribka, ein kleines Paradies direkt am See mit Blick auf **Insider Tipp** das weite Meer, einem gepflegten Garten und einer Bootsanlegestelle. Die Speisekarte ist ausgezeichnet: unbedingt die Fischsuppe *(ribena čorba)* mit der scharfen Würze Salamurika probieren. Der vorzüglich gebratene Karpfen stammt angeblich nicht aus dem für Angler verbotenen See *(Di–So 12–23 Uhr | Tel. 0888/70 71 19 | €€)*.

Nördlich von Durankulak geht es links zum Camping Kosmos. Nur 4 km weiter liegt das Restaurant *Čaika*. Besitzer Zvetko Zvetkov verleiht Fahrräder für Touren durch das Naturreservat und bietet Boots- und Angeltouren *(5 Euro pro Stunde)* an. 37 km

JAILATA ★ [113 F4]

Südlich von Kamen Brjag beginnt eine märchenhaft bizarre Gegend, die dem Roman „Herr der Ringe" entstammen könnte. Das schwer zugängliche Gebiet ist die Heimat seltener Pflanzen. Vom Wasser aus sind in den Felsen zahlreiche Höhlen auszumachen, die angeblich alte Piratenschätze beherbergen. Archäologen entdeckten hier 4000 Jahre alte thrakische Gräber. Die Eingänge zu den Grabkammern sind ebenso gut zu erkennen wie ein Altar, auf dem einst Reservat birgt noch viele unentdeckte Schätze. *17 km*

KAMEN BRJAG ▶▶ [113 F4]

„Steinerne Küste" heißt dieses stille, romantische, kaum hundert Einwohner zählende Dorf, das 18 km östlich von Kavarna liegt. Zahlreiche Höhlen, Kliffe, Uferböschungen, Buchten und Felsformationen vor der Meereskulisse verführen geradezu zum Wandern. Der Ort ist vom touristischen Trubel absolut verschont geblieben.

Ruinen, Höhlen, Gräber und verwitterte Felsen: Bizarre Küste südlich von Kamen Brjag

Tiere geopfert wurden. Inschriften und Kreuze zeugen von der sakralen Bedeutung des Ortes. Weiter nördlich liegen die Reste einer Festung aus dem 5. Jh. Das derzeit noch kostenlos zugängliche archäologische

In Kamen Brjag fühlt man sich bisweilen in die jüngere Vergangenheit versetzt: Hier lebt die Hippieära wieder auf, veranstalten Blumenkinder sporadisch Happenings, zelten wild, feiern und musizieren ausgiebig.

KRAPEC [113 F3]

Das Dorf Krapec (330 Ew.) hat einen schmalen Sandstrand unterhalb 4 m hoher Lössfelsen. Einige Kilometer südlich wird der Strand breiter, es bilden sich Dünen, die weit ins Fest-

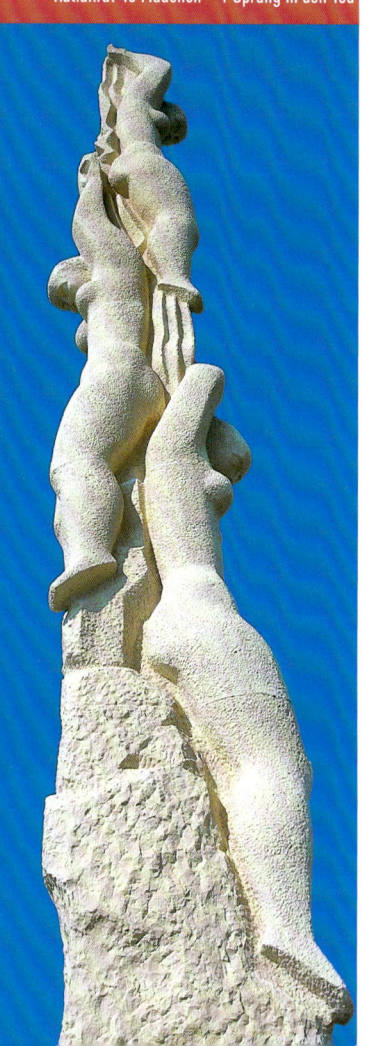

Kaliakra: 40 Mädchen – 1 Sprung in den Tod

land reichen. Sehenswert ist der dahinter liegende schöne Süßwassersee *Eserecko*. Infos unter *www.krapets. com*. Gut übernachten lässt es sich im *Hotel Janitsa* in Krapec. Der Hotelkomplex mit Pool und gutem Restaurant gehört einem der besten Landwirte der Region. Interessierten zeigt Dimitar Katrandžiev auch gern seinen alten Gutshof *(21 Zi. | 2 Apts. | Tel./Fax 05749/324 | €€)*. Luxuriöse Unterkunft bietet die im Stil einer kommunistischen Residenz gebaute Villa Kibela *(Tel. 0888/88 02 81 | www.villakibela.com | €€€)*. 33 km

NOS KALIAKRA (KAP KALIAKRA) ⭐ [113 F4–5]

Südöstlich von Kavarna liegt das sagenumwobene Kap Kaliakra. 70 m hoch sind die senkrecht ins Meer abfallenden Felsen. Das steinerne Gebilde ist das längste Kap Bulgariens. Der harte Kalkstein wird z. T. von purpurroten Gesteinsschichten durchzogen, die ihm vor allem im Sonnenlicht eine besondere Schönheit verleihen. In Richtung Kavarna werden die Felsen poröser und heller. Beim Dorf Bălgarevo entlang der Straße nach Kavarna sind sie schließlich kreideweiß und prägen den Namen des *Srebăren brjag* – Silberstrand. Einst stand eine Festung auf dem Kap, in der Tausende Bulgaren vergeblich Schutz vor den Osmanen suchten. Heute gibt es hier nur noch Ruinen. Das Denkmal der toten Mädchen erinnert an den Widerstand junger Bulgarinnen. Von der kleinen 🌿Kapelle am Ende des Kaps eröffnet sich eine phantastische Aussicht. Das 535 ha große Areal rund um das Kap ist heute geschütztes archäologisches Reservat *(tgl. 10–18 Uhr | Eintritt 1,50 Euro).* Frühmorgens oder am Abend sind mit etwas Glück und bei ruhiger See vom Kap aus Delphine zu beobachten. Im ❋ *Restaurant Nos Kaliakra* sitzt man mit Blick auf Küste und Meer *(Tel. 05744/778 | €€). 12 km*

NOS ŠABLA (KAP ŠABLA) ⭐ [113 F4]

Der Felsen Kap Šabla ist der östlichste Punkt Bulgariens. Ihn krönt der älteste Leuchtturm des Landes. Bei Tjulenovo bildet sich eine kleine Bucht, von den Ortsansässigen als Strand genutzt. Sehenswert sind die vom Meereswasser gebildeten Höhlen, in denen einst Robben lebten. In Tjulenovo selbst markiert eine Pyramide die Stelle, wo am 31. Mai 1951 nach langen Bohrarbeiten das erste bulgarische Erdöl aufwärts sprudelte. Die lustige Kneipe *Pri Baj Pešo* liegt gleich hinter dem alten Leuchtturm von Šabla *(Di–So 10–15 und 17–24 Uhr | Tel. 0888/ 92 33 38 | €). 24 km*

RESTAURANT DÄLBOKA ▶▶ [113 F4]

Auf halbem Weg zwischen Bălgarevo und Kavarna liegt östlich die Abzwei-

gung zur Bucht Dălboka mit der einzigen Muschelfarm der nördlichen Bulgarischen Schwarzmeerküste. Im dazugehörigen Restaurant wird die Spezialität in überraschenden Variationen serviert: als Salat, paniert, geräuchert, am Spieß gegrillt, gefüllt mit Hartkäse, als Frikadelle, in Weinblättern gebacken und als Dessert mit Apfelmus. Zeitig reservieren *(Tel. 0887/ 95 32 32 | www.dylboka.suncreation. org | €€€)* und Zeit mitbringen, da alles frisch zubereitet wird! *7 km*

TAUKLIMAN ⭐ [113 F4]

Das Naturschutzgebiet Taukliman (Vogelbucht), Anziehungspunkt der Zugvögel auf der Via Pontica, entstand durch einen Erdrutsch, der das Plateau in mehrere Terrassen verformte, in die das Meer wiederum kleine Buchten schnitt. Direkt am Wasser schimmert ein kleiner See, der von den Wellen mit Salzwasser versorgt wird. Rote und gelbe Algen verfärben das Becken mit seinem Heilschlamm. Drumherum wachsen Walnussbäume, wilde Birnen und Kirschen, verwilderte Reben.

❯ EINE FRAGE DER EHRE

Lieber tot als im Harem eines Sultans enden

Während der Invasion der Osmanen kamen die türkischen Truppen bis zur Festung Kaliakra und nahmen die Stadt nach erbitterten Kämpfen ein. Sie versprachen, die Überlebenden zu verschonen, unter einer Bedingung: 40 der schönsten Frauen und Mädchen aus Kaliakra sollten dem Harem des Sultans übergeben werden. Die türkischen Besatzer suchten sich die jüngsten und

schönsten Mädchen aus und brachten sie auf die Spitze des Kaps, wo sie auf das Schiff des Sultans warten sollten. Doch die 40 jungen Frauen beschlossen, ihre Auslieferung und das Dasein im Harem zu verhindern. Bei Einbruch der Nacht flochten die Mädchen ihre Zöpfe ineinander und sprangen vom felsigen Kap gemeinsam in den Tod, um ihre Ehre zu retten.

Mitten in dieser außergewöhnlichen Landschaft südlich von Kamen Brjag gelang es dem französischen Club Mediterrané noch während des Kommunismus' die All-inclusive-Anlage *Russalka* einzurichten. Die Ferienanlage ist heute auch für Besucher geöffnet und bietet Mountainbikeverleih, Tennisplätze,

SVETI KONSTANTIN I ELENA

[113 D5] *Družba* – Freundschaft hieß der beliebte Badeort nördlich von Varna zu sozialistischen Zeiten. Er war der erste

Club Russalka: Das Mekka der Wassersportler steht auch Besuchern von außen offen

Yachtclub, Segel- und Wasserskikurse. Es gibt ein Spa-Center mit Schlammbehandlungen und Mineralwasser aus eigener Quelle. Die Tauchschule profitiert vom kristallklaren Meerwasser und dem felsigen Ufergrund, an dem einst viele Schiffe kenterten. Viele Urlauber schätzen besonders die abgeschiedene Lage *(www.russalka-holidays. com). 15 km*

internationale Kurort in Bulgarien. Ursprünglich ein Sanatorium für Tuberkulosepatienten, baute man Družba schon ab 1946 zum Seebad aus. Seit 1993 trägt der Ort den Namen des Klosters der Heiligen Konstantin und Elena, das hier früher stand. Zu sehen ist heute noch die kleine Kapelle, unter deren Altar eine Mineralquelle sprudelt. Im 1977 gebauten Grand Hotel Varna oder im Internationalen Heim der Journalisten können Sie sich mit exotischen Behandlungen wie Zwiebelumschlägen im Perlbad verwöhnen lassen. Im Süden liegt die Ferienanlage Saint Elias. Nördlich geht es zum ruhigen Erholungskomplex Sunny Day, eine der früheren Urlaubssiedlungen der kommunistischen Politchefs. Noch heute findet sich hier bulgarische Prominenz zur Sommerfrische ein.

■ ESSEN & TRINKEN

GRAND HOTEL VARNA ☆

Tolle Aussicht über das Meer und den Ort und dabei perfekte bulgarische und internationale Küche genießen. *Tel. 052/36 14 91* | €€€

MANASTIRSKA IZBA

Deftige bulgarische Kost vom Balkangrill im „Klosterkeller" am zentralen Platz. €

TSCHEVERMETO

Lamm, Spanferkel, Megaschaschlik, alles vom offenen Feuer – hier finden Antivegetarier ihren wahren Tempel. *Am Park des Grand Hotels Varna* | *Tel. 052/36 14 91* | €€

■ ÜBERNACHTEN

GRAND HOTEL VARNA

Das protzige Betongebäude wurde in den 1970er-Jahren von schwedischen Firmen gebaut und galt vor der Wende als das Flaggschiff der Küste. Noch heute wird es von den Einheimischen schlicht *der Schwede* genannt. Das 5-Sterne-Haus ist neu im Zen-Stil renoviert. Das ganze Jahr über bietet es ausgezeichnete Wasserkur- und Wellnessmöglichkeiten. Besonders romantisch sind im Sommer die Gartenséparées, in denen man unter einem Baldachin am Pool relaxt. *328 Zi.* | *35 Apts.* | *Tel. 052/ 35 63 92* | *Fax 36 19 20* | *www.grand hotelvarna.com* | €€€

HOTEL DOLPHIN

Das kinderfreundliche 4-Sterne-Haus liegt zwischen dem Strand und dem Park des Grand Hotels. *168 Zi.* | *10 Apts.* | *Tel. 052/35 63 92* | *Fax 45 57 04* | *www.saintelias.bg* | €€

HOTEL DOLPHIN MARINA

Das 2001 gebaute 5-Sterne-Hotel hat seine Rezeption auf dem Dach, wenn man so will. Dank des natürlichen Gefälles im Gelände geht es mit dem Fahrstuhl dann abwärts zu den Zimmern mit Meeresblick. Endstation ist der künstlich angelegte Strand mit Pool und Yachthafen. *210 Zi.* | *Tel. 052/35 63 92* | *Fax 45 57 04* | €€€

SUNNY DAY

Die frühere Ferienanlage für Regierungsmitglieder ist nun für jedermann offen und besteht aus den 3- bis 5-Sterne-Hotels Marina, Mirage, Palace und Veronika mit Hallenbad, medizinischer Kurabteilung und Sportplätzen. *Tel. 052/36 19 71* | *Fax 36 13 76* | *www.sunnydaybg.com* | €€ – €€€

■ FREIZEIT & SPORT

Fast alle Hotels verleihen Fahrräder, mit denen die Umgebung gut zu erkunden ist. Tretboote, Segelyachten und Surfbretter werden entlang der Strände von Saint Elias und Sunny Day angeboten. Die Tauchschule am Palace Hotel organisiert Unterwassertouren zu den Kliffen von Šabla.

VARNA

Squash- und Tennisplätze sind im Grand Hotel Varna zu finden. Im Kurort arbeitet die in Bulgarien besonders populäre Heiltherapeutin Dr. Emilova, die sich mit ==Obsttherapien für Übergewichtige== einen Namen machte *(www.emilova.org)*.

Insider Tipp

■ AM ABEND ■

Die Jugend weicht in die angesagten Diskos am Goldstrand aus, ältere Besucher finden ein ruhigeres, aber reichhaltiges Angebot im Grand Hotel Varna: klassische Konzerte, Varieté und Spielkasino. Informationen gibt es an der Hotelrezeption.

VARNA

KARTE IN DER HINTEREN UMSCHLAGKLAPPE

[113 D5] **Varna liegt auf derselben geografischen Breite wie das Fürstentum Monaco, wie Cannes und Nizza.** Und so verführt die Stadt mit demselben mediterranen Flair. Seien es die verkehrsberuhigten Einkaufsstraßen im Zentrum, der FKK-Strand am ❋ Kap Galata oder das alljährliche Festival der klassischen Musik Varnaer Sommer – die größte bulgarische Hafenstadt (345 000 Ew.) wird zu Recht auch als die Metropole der bulgarischen Küste bezeichnet. Viele Jugendstilhäuser zeugen vom einstigen Reichtum des Bürgertums. Heute sind sie größtenteils reprivatisiert und liebevoll restauriert. Die Kathedrale, Wahrzeichen der Stadt, hat neu aufpolierte Kuppeln. Wie ein Amphitheater auf mehreren Felsterrassen gelegen, erstreckt sich Varna auf beiden Seiten der gleichnamigen Bucht. Im Hinterland liegen der Varnaer und der Beloslavsko-See, die über ein Kanalsystem untereinander und mit dem Meer verbunden sind. Das gute Klima zieht das ganze Jahr über Urlauber an. Die Einheimischen sagen oft scherzhaft, inklusive Urlauber zähle Varna weit mehr Einwohner als die Hauptstadt Sofia.

Der älteste Goldschatz der Welt in Varna: Seit über 6000 Jahren in festen Händen

ARCHEOLOGIČESKI MUZEJ (ARCHÄO-
LOGISCHES MUSEUM) ⭐ [U D4]

Hier wird das älteste bearbeitete Gold der Welt gehütet. 1972 bargen Archäologen am Nordufer des Varnaer Sees 3000 Goldgegenstände aus einer Nekropole der Jungsteinzeit, etwa aus der zweiten Hälfte des 5. Jahrtausends v. Chr. Der außergewöhnliche Fund bezeugt, dass zu jener Zeit in Südosteuropa bereits eine hoch entwickelte Zivilisation existierte. In den mehr als 200 erforschten Gräbern wurden zudem Tonmasken mit Goldapplikationen, Keramikgefäße, Stein- und Feuersteinwerkzeug sowie Kupferschmuck gefunden. Das in einem Neorenaissancepalast untergebrachte Museum zeigt ferner thrakische Steinskulpturen, slawischen Schmuck und wertvolle Ikonen. *Di–So 10–17 Uhr | Eintritt 2 Euro | Führung auf Deutsch 10 Euro | Maria Luiza 41/Ecke Antim I | www.varna-bg.com*

ARMENSKA CĂRKVA
(ARMENISCHE KIRCHE) [U D5]

Hübsches, kleines Gotteshaus für die 3000 Armenier der Meereshauptstadt aus dem 19. Jh. Aus der Luft betrachtet hat die Kirche die Form eines Kreuzes. Ihre Kuppel sieht aus wie eine mehrseitige Pyramide – typisch für die armenischen und georgischen Kirchen. Der Altar ist offen und ohne Ikonostase, wie in einer Synagoge. *Tgl. 10–18 Uhr | Han Asparuch 15*

ASPARUCHOVO-BRÜCKE [U A6]

Mit ihren 2000 m ist die Asparuchovo-Brücke die längste Bulgariens. Über die Bucht von Varna misst sie bis zu 60 m Höhe und zieht Bungeespringer aus dem ganzen Land an. Unterhalb der Brücke gibt es Reste des Schutzwalls, den Khan Asparuch gegen die Byzantiner errichten ließ. Ein Denkmal erinnert dort an den Begründer des ersten bulgarischen Reiches. *An der E 87 Richtung Burgas*

ETNOGRAFSKI MUZEJ
(ETHNOGRAFISCHES MUSEUM) [U D5]

In einem typischen Varnaer Haus aus der ersten Hälfte des 19. Jhs. werden den Besuchern Zeitgeist und Alltagskultur der bulgarischen Wiedergeburtsepoche anhand von Möbeln, Trachten, Schmuck und Kunstwerken präsentiert. *Di–So 10–17 Uhr | Eintritt 1 Euro | Panagjurište 22*

HRAM SVETI ATANASI
(KIRCHE HEILIGER ATANASI) [U D5]

Die Kirche ist wegen ihrer zentralen Lage und dem schönen Blick auf die römischen Thermen bei jungen Brautpaaren sehr beliebt. Am Wochenende verstopfen die geschmückten Autozüge die engen Gassen um das Gotteshaus. Die Originale der zahlreichen wertvollen Ikonen stehen allerdings im Archäologischen Museum. *Tgl. 8–19 Uhr | Graf Ignatiev 19*

HRAM SVETO USPENIE BOGORODICI
(KIRCHE HEILIGE GOTTESMUTTER) [U D5]

Die angeblich Wunder vollbringende Ikone der Gottesmutter gab dieser winzigen Wallfahrtskirche den Namen. Sie wurde um 1600 gefunden und zum Anlass für den Kirchenbau im Jahr 1602 genommen. Wie während der osmanischen Herrschaft üblich, durfte diese christliche Kirche nicht höher sein als ein türkischer

Reiter auf seinem Pferd. Deshalb ist sie nur ca. 2 m hoch, aber dafür 2 m tief in den Boden gegraben worden. Sehenswert ist vor allem die Ikone der Gottesmutter. Nicht verpassen: Sonntagsmesse mit orthodoxen Darbietungen des gemischten Chores. *Tgl. 7–18 Uhr | Han Krum 19*

Insider Tipp

KATEDRALEN HRAM SVETO USPENIE BOGORODIČNO (KATHEDRALE MARIÄ HIMMELFAHRT)   [U C4]

Varnas berühmteste Kirche mit den funkelnden Zwiebeltürmen hat Symbolcharakter. Mit dem Bau wurde 1880 begonnen – acht Jahre nach Ende der Osmanenherrschaft als Dank an die russischen Befreier. Der Prunkbau beherbergt aufwändige Ikonostasen und neobyzantinische Fresken. 133 Stufen führen zum ✹ Glockenturm, von dem sich eine schöne Aussicht bietet. *Tgl. 7–18 Uhr | Ploschtad Metropolit Simeon*

MUZEJ ZA ISTORIA NA MEDICINATA (MUSEUM DER GESCHICHTE DER MEDIZIN)   [U E5]

Das Museum der Geschichte der Medizin ist im Gebäude des ersten bulgarischen Krankenhauses untergebracht und beherbergt alte medizinische Werkzeuge. Außerdem gibt es medizinisches Gerät der Thraker, Griechen und Römer. Darüber hinaus erfährt der Besucher viel Wissenswertes über die bulgarische Kräuterheilkunde. *Mo–Fr 10–16 Uhr | Eintritt 1 Euro | Paraskeva Nikolau 7*

MUZEJ NA VĂZRAŽDANETO (WIEDERGEBURTSMUSEUM)   [U D4]

Im Gebäude der 1862 errichteten ersten weltlichen Schule Bulgariens gibt es eine Menge über den Befreiungskampf der Bulgaren gegen die Osmanen und die Ära der Wiedergeburt zu erfahren. Auch der damalige schulische Alltag ist authentisch dargestellt. Lohnend ist auch ein Blick in den hübschen blumenreichen Schulhof. *Di–So 10–17 Uhr | Eintritt 1 Euro | 27-mi Juli 9*

Ikonenverehrung in Varnas Kathedrale

PLANETARIUM IN DER MARINEHOCHSCHULE   [U F2]

Im Zuge des Natobeitritts nun auch für zivile und Hobby-Astronomen zugänglich. *Mo–Fr 8–16.30 Uhr | Vassil Drumev/Ecke Kapitan Rončevski | Führung auf Deutsch*

PRIMORSKI PARK
(MEERESPARK) ⭐ [U E–F 3–5]

Das 1862 nach einem Projekt des tschechischen Architekten Anton Novak gestaltete Areal ist die grüne Lunge Varnas. Hier wachsen die für die Krimregion und den Kaukasus typischen Zypressen. Auf dem 80 ha großen Parkgelände befinden sich Aquarium, Delphinarium, Marinemuseum, Freilichttheater sowie das Nikolaus-Kopernikus-Planetarium. Inmitten des Blumenmeeres laden zahlreiche Cafés und Restaurants zum Schlemmen ein.

RIMSKI TERMI
(RÖMISCHE THERMEN) ⭐ [U D5]

Das antike Wellnesscenter wurde im 2. Jh. unter Kaiser Hadrian erbaut und ist das drittgrößte Europas. Varna gehörte damals zum Römischen Reich und zog mit mildem Klima und heilenden Mineralquellen wohlhabende Römer zum Relaxen an die bulgarische Küste. Die Ruinen der 7000 m² großen Badeanstalt gewähren einen lebendigen Einblick in die römische Badekultur, die sich kaum von heutigen Fitnesscentern unterscheidet. Der Eingangshalle schlossen sich Umkleiden an, im Fitnessraum gab es Sport und Spiel. Durch ein 30 m langes Kältebecken gelangten die Badenden über das Warmbecken zum Heißwasserbecken. Die Schwitzräume waren die Vorläufer der Sauna. Anschließend konnten die Besucher eine Pause im Ruhesaal einlegen. Die Toiletten hatten frischen Wasserzufluss. Über ein bis heute gut erhaltenes, 270 m langes Kanalisationssystem wurde das verbrauchte Wasser direkt ins Meer geleitet. *Di–So 10–17 Uhr | Eintritt 1,50 Euro | Kinder 1 Euro | Kapitan Dobrev/Ecke Han Krum*

VOENOMORSKI MUZEJ
(MARINEMUSEUM) [U E5]

Im Gebäude des ehemaligen italienischen Konsulats wird die Entwicklung der bulgarischen Schifffahrt nach 1878 veranschaulicht. Die Ausstellung zeigt u. a. das erste bulgarische Minenräumschiff, den alten Leuchtturm von Varna sowie die Yacht Cor Caroli des Kapitäns Georgi Georgiev, der als erster Bulgare eine Weltumsegelung unternahm und damit ins Guinnessbuch der Rekorde einging. *Mo–Fr 10–18 Uhr | Eintritt 1 Euro | Führung auf Deutsch 5 Euro | Boulevard Primorski 2*

ESSEN & TRINKEN

BM-ZALIVA ▶▶ [U E6] *Insider Tipp*

Das ultimative Fischlokal direkt am Hafen von Varna und Vorzeigestück der neuen örtlichen Gaststättenkette BM. Eines der wenigen Restaurants, in dem Sie den einzigartigen *Sargan-Fisch* als ganzes Stück auf den Teller bekommen. Er sieht aus wie ein kleiner Aal mit Krokodilschnauze, und seine phosphorhaltigen, grünen Gräten leuchten im Dunkeln. *Tel. 052/61 48 87 | €*

ČUČURA [U C4]

Im *Bächlein* werden die Gäste in einem schönen Wiedergeburtshaus mit gemütlichem Hof gut bewirtet. *Dragoman 11 | Tel. 052/60 86 48 | €€*

HAPPY BAR & GRILL ▶▶ [U E4] *Insider Tipp*

In Varna geborene Alternative zu Mc Donald's: Hier gibt es Würziges vom

Balkangrill und frische bulgarische Spezialitäten – alles im Minutentakt serviert. Sollte Ihnen Ihre Kellnerin nicht freundlich genug sein, dürfen Sie sich beschweren und bekommen sofort eine neue zugewiesen. Die Kette hat eine Dependance in Barcelona und bietet neuerdings auch Asiatisches. *U. a. am Haupteingang zum Meeresgarten | www.happy.bg | €€*

HÅSOVE [U D4]
Schmackhafte bulgarische Küche und internationale Spezialitäten werden im großen Garten des Lokals mitten im Zentrum Varnas serviert. *10–1 Uhr | Boulevard Osmi primorski polk 54 | Tel. 052/61 68 77 | €*

PARAKLISA [U E5]
Das Restaurant bietet erstklassige bulgarische Küche. Das Buch mit Rezepten der Chefin Penka Michova ist in Bulgarien ein Renner. „Paraklis" bedeutet auf Bulgarisch Kapelle. Daher das ikonenhafte Ambiente und die reichhaltigen Klosterspeisen. *11–24 Uhr | Ioan Ekzarch 8 | Tel. 052/63 97 35 | €€€*

■ EINKAUFEN
MARKT [U C4]
An den Ständen in der Fußgängerzone zwischen Oper, Theater und Uhrturm von 1880 gibt es nicht nur frisches Obst und Gemüse aus den privaten Gärten der Umgebung. Besucher können hier auch Stickereien, Schmuck, Spielzeug und Lederwaren erstehen. *Tgl. 8–20 Uhr*

TITANIC [U D6]
Der lustige Nautic-Shop bietet alles rund um Meer und Schifffahrt: witzi-

gen Nippes, Spielzeug und wichtige Utensilien für den echten Seemann. *Mo–Sa 9–18 Uhr | Primorski 21*

WEINLADEN CHÂTEAU EUXINOGRAD [U D5]
Insider Tip
Am Parkplatz rechts vor dem Eingang zur noblen Regierungsresidenz, etwa 8 km nördlich von Varna an der E 87 gibt es die edlen Tropfen, die vor der Wende nur den Parteibonzen und ihren Gästen vorbehalten waren, inzwischen auch für Normalsterbliche – zu wirklich angemessenen Preisen. Der einzigartige 20 Jahre alte Weinbrand Euxignac kostet 20 Euro, die guten Rot- und Weißweine um 3 Euro. *Mo–Fr 9–17.30, Sa 9–14 Uhr*

■ ÜBERNACHTEN
HOTEL AQUA [U C5]
Das behindertengerechte Hotel erfüllt die Ansprüche von Geschäftsreisenden und Urlaubern gleichermaßen. *70 Zi. | 8 Apts. | Devnja 12 | Tel. 052/63 90 90 | Fax 63 13 90 | www.aquahotels.com | €€*

HOTEL ČERNO MORE [U E4]
Einst war dies die Topadresse Varnas. Der zentral gelegene Betonbau hat 22 Etagen. Von den oberen Stockwerken eröffnet sich eine gute Sicht auf die Küste und den Stadtkern. *217 Zi. | Boulevard Slivniza 33 | Tel. 052/61 22 35 | Fax 61 22 20 | www.chernomorebg.com | €€*

HOTEL ODESSA [U E4]
Solides Hotel am Eingang zum Meerespark. Obwohl renoviert, hat es außen und innen weiterhin den Touch einer sozialistischen Nobelherberge.

96 Zi. | Boulevard Primorski/Ecke Slivniza | Tel. 052/63 22 60 | Fax 63 04 03 | www.odessos-bg.com | €€

HOTEL ORBITA [U E3]

Das frühere Jugendtouristhotel liegt sehr zentral und unweit vom Meerespark. Für Studenten mit einem internationalen Ausweis gibt es Preisnachlass. 52 Zi. | Zar Osvoboditel 25 | Tel. 052/61 23 50 | Fax 60 26 17, www.geocities.com/hotelorbita | €

HOTEL PANORAMA [U D6]

Das neue Haus liegt direkt am Hafen gegenüber dem einzigen Mineralschwimmbad der Stadt. 48 Zi. und 9 Apts. | Primorski 31 | Tel. 052/68 73 00 | Fax 62 60 33 | www.panoramabg.com | €€€

▮ STRÄNDE

Die Einheimischen von Varna nutzen unter der Woche den langen Sandstrand gleich hinter dem Meerespark.

Am Delphinarium zieht eine große Wasserrutsche die Kinder an. Die FKK-Anhänger treffen sich am Strand des Kap Galata im Süden der Stadt.

▮ AM ABEND

FESTIVAL- UND KONGRESSZENTRUM [U E4]

Das wichtigste kulturelle Zentrum Varnas ist dem Festivalpalais von Cannes an der französischen Côte d'Azur nachempfunden. Hier wird alljährlich das Filmfestival Love Is Fully veranstaltet. Ansonsten finden in den elf unterschiedlich großen Sälen täglich Konzerte, Filmvorführungen und Seminare statt. Es gibt auch ein Restaurant und eine Cafébar. Mo–Fr 11–21 Uhr | Sa–So 10.30–21 Uhr, Boulevard Slivniza 2 | am Haupteingang des Meeresgartens | Tel. 052/68 50 00 | Fax 60 84 46 | Tickets Tel.052/68 52 14 | www.fcc-varna.com | €

Frisch, frischer, einfach köstlich: Obst und Gemüse direkt vom Markt

VARNA

KINO [U C4]

Ausländische Filme laufen in den Kinos grundsätzlich mit Untertiteln, sodass der Originalton stets gut zu verstehen ist. *Kino Mustang | Bratja Škorpil 33 | Palas Cinema | Vladislav Varnentschik 10*

OPER UND PHILHARMONIE [U C4]

Nicht nur zum Internationalen Klassikfestival *Varnaer Sommer* ist das Opernhaus der Küstenmetropole eine gute Adresse. Gespielt werden sowohl internationale klassische Werke als auch zeitgenössische bulgarische Musik. *Ploschtad Nezavisimost 1 | Tel. 052/60 23 85 | Eintritt zwischen 3 und 15 Euro | www.operavarna.bg*

PALAST FÜR KULTUR UND SPORT [U F3]

Einer für alles: Billardtempel und Varieté, Sporthalle für 5000 Zuschauer und Austragungsort zahlreicher lokaler Messen am nördlichen Teil des Meeresparks. Abends meist Diskothek. *Boulevard Knjaz Boris 115 | Tel. 052/22 80 19 | www.palaceof varna.com*

■ AUSKUNFT ■

Zugverkehr: im ältesten Bahnhofsgebäude Bulgariens *(Boulevard Primorski | Tel. 052/662 66);* Flughafen *(9 km westlich vom Zentrum | Tel. 052/442 13 | www.varna-airport.bg);* Hafen: Informationen zu Fähren und Ausflugsschiffen *(Tel. 052/68 32 24 | www.port-varna.bg)*

TOURIST SERVICE [U D3]

Săborni 2 | Tel. 052/60 36 10 | Fax 60 86 50 | Flughafen Varna | Tel. 052/59 94 90 | Fax 59 94 91 | varna-airport@sixt-bg.com

Nachtaktiv: Wenn es Abend wird in Varna, strahlt nicht nur die Kathedrale in schönstem Licht

ZIELE IN DER UMGEBUNG

DELTA DES KAMČIJA ★ [113 D6]

Der bulgarische Dschungel ist eines der schönsten Gebiete der gesamten Schwarzmeerküste. Hier mündet der Fluss Kamčija ins Schwarze Meer. Das 4500 ha große Delta, durchzogen von mehreren Seitenarmen, lässt sich am besten per Boot erkunden. Der Fluss entspringt im mittleren Balkangebirge und zählt zu den längsten Bulgariens. 3 km vom Meeresufer beginnt der einem Urwald gleichende Park Longosa, durch den langsam das trübe Wasser der Kamčija fließt. Die von den Wellen immer wieder angehäuften Sandbänke trugen dazu bei, dass sich vor der Mündung ein größeres Becken aus Flusswasser bildete. Dieser Liman genannte See ist reich an wichtigen Nährstoffen für die Pflanzenwelt.

Beiderseits der Mündung erstrecken sich kilometerlange Strände, gesäumt von Dünen und dichtem Wald. Dank des 1951 geschaffenen Unesco-Biosphärenreservats Kamčija wird der natürliche Reichtum dieser Gegend entsprechend geschützt. Besonderer Fürsorge erfreuen sich Eschen-, Ulmen- und Eichenwälder, alle möglichen Schlingpflanzen und vor allem die wunderschönen weißen, roten und gelben Seerosen. Sechs Arten von Baumlianen wachsen am Delta des Kamčija, außerdem wilde Reben. 23 vom Aussterben bedrohte Fischarten sowie Wasserschildkröten haben hier ihren Lebensraum. Außerdem ist das Delta Brutstätte für Buntspechte.

Am Ende der Straße liegt die Bootsanlegestelle, von der aus Besucher Touren unternehmen können. Die etwa 40-minütige Fahrt führt flussaufwärts an einem Fischerdorf vorbei und auf dem Rückweg bis zur eigentlichen Mündung des Kamčija ins Meer. *Tgl. 10–19 Uhr | Preis 4 Euro | Tel. 05141/21 97 oder 0886/ 42 88 95 | www.kamchia.net. 25 km*

DVOREC EVSINOGRAD (SCHLOSS EUXINOGRAD) [U D5] *Insider Tipp*

Das einzige echte bulgarische Schloss abgesehen von der Gemäldegalerie in Sofia. Die heutige Regierungsresidenz wurde im Jahr 1886 nach dem Entwurf des österreichischen Architekten Ruppelmeyer inmitten eines schönen Parks als Sommerdomizil des ersten bulgarischen Fürsten Alexander von Battenberg gebaut. An dem benachbarten Weinberg wird der berühmte Château Euxinograd gekeltert.

Schon Staats- und Parteichef Todor Živkov lud gern Prominente in das Neorenaissanceschloss ein; und noch heute logieren dort Gäste des bulgarischen Staates. Im Zuge der Demokratisierung ist Euxinograd auch öffentlich zugänglich, allerdings für mindestens 500 Euro pro Nacht und nur unter der Bedingung, dass, wie etwa bei hohem Staatsbesuch, keine besonderen Sicherheitsvorkehrungen herrschen. Die Prominenten-Ferienanlage hat ihren eigenen Strand, Kai und Leuchtturm. Ein Spaziergang durch den Schlosspark und den Weinkeller lohnen allemal. Zugelassen werden aber nur Gruppen von mindestens zehn Personen nach zweitägiger telefonischer Voranmeldung. *Eintritt 5 Euro | Tel. 052/ 39 31 50 | 8 km*

ZLATNI PJASĂCI (GOLDSTRAND)

[113 E5] Der feinkörnige Sandstreifen ist 4 km lang und bis zu 100 m breit. Der Legende nach ist einst von Piraten hier deponiertes Gold über Nacht zu goldenem Sand geworden. Daher der Name, der heute durchaus im doppelten Sinn des Wortes zu verstehen ist. Denn Goldstrand, der Ballermann des Bal

⟩ BÜCHER & FILME
Auf der Suche nach Gold, Glück und Antworten

⟩ **Schwarzes Meer** – Neal Aschersons Buch gibt einen spannenden Einblick in die Geschichte der Völker am Schwarzen Meer, über Jahrtausende die Grenze zwischen Europa und Asien.

⟩ **Die letzte Welt** – Christoph Ransmayrs Held, der Römer Cotta, bewundert den Dichter Ovid. Er reist ans Schwarze Meer, um den Verbannten zu suchen.

⟩ **Hamburg – Varna und zurück?** – Mit tollen Charakteren und viel Humor nähert sich Ingrid Deors Roman der Bulgarischen Schwarzmeerküste von der kriminalistischen Seite.

⟩ **Bulgarien. Europas Ferner Osten** – Der Autor Stefan Appelius versucht zu erklären, warum in diesem Urlaubsland die Uhren oft ganz anders ticken.

⟩ **Heimlichkeiten** – In dem deutsch-bulgarischen Kriminalfilm von Wolfgang Staudte (1968) sucht eine Expedition an der Schwarzmeerküste nach verschollenen Schätzen aus gesunkenen Schiffen.

⟩ **Die antike Münze** – Der junge Manfred Krug in der Rolle eines musizierenden DDR-Lehrers, der auf der Spur einer alten Münze am Goldstrand die große Liebe findet.

⟩ **Magna Aura – die verschwundene Stadt** – Die Kinderfernsehserie mit Gunter Schoß in der Hauptrolle wurde u. a. in Sinemorec gedreht.

⟩ **Hammerhead: Shark Frenzy** – US-Horrorfilm der B-Klasse von Michael Oblowitz um einen verrückten Stammzellen-Forscher. Die Schwarzmeerküste mimt in dem Streifen eine einsame Insel im Pazifik.

kan, gilt als die Goldgrube an der bulgarischen Schwarzmeerküste. Der Bauboom wird hier sicherlich noch einige Jahre andauern. Schon seit 1958 profitieren die Gäste vom einwandfreien Strand, dem gleichnamigen Naturpark und der Nähe zur Küstenhauptstadt Varna, die mit Bussen und Taxis gut zu erreichen ist und viel Abwechslung zum Stranddasein bietet. Im größten Ferienbad im Norden der bulgarischen Riviera stehen mehr als 100 Hotels, der Ort ist dennoch kompakt und gut zu erlaufen. Eine Bimmelbahn nimmt Sie jederzeit mit, wenn die Füße nicht mehr wollen. Mineralheilquellen und ein herrlich laues Meer garantieren einen hohen Wohlfühleffekt.

ESSEN & TRINKEN

BBQ DELFIN

Gute bulgarische Küche vom duftenden Holzkohlegrill. Schnelle Bedienung trotz der 400 Plätze. *Neben den Hotels Astera und Akazia | Tel. 052/ 35 57 23* | €€

sider pp

HERMITAGE RESTAURANTS

Der Gourmettempel im neu eröffneten 5-Sterne-Kempinski-Hotel bietet lauter verschiedene Gaumenfreuden: Paulaner Bräuhaus für Bierfreunde, Grand Ballroom für traditionelle und bulgarische Gerichte, Cafe Roma, Enoteca Piano Bar, Thai-Restaurant sowie eine Veggie-Bar für Liebhaber fleischloser Kost. *Aleia Kempinski 1 | Tel. 052/33 32 22* | €€€

THE WEALTHY PLACE

Gut besuchtes Chinarestaurant mit großer Terrasse. *Am Komplex Magura | Tel. 052/35 55 70* | €

ÜBERNACHTEN

HOTEL EXCELSIOR

Günstiges 3-Sterne-Hotel nur 350 m vom Strand entfernt. 2004 komplett renoviert. Shuttleservice und Terrassenrestaurant. *190 Zi. | 11 Apts. | Tel. 052/38 66 61 | Fax 35 51 75 | www.sunlight-resort.net* | €

Goldwäscherin der Postmoderne

HOTEL IBEROSTAR IZGREV & OBZOR BEACH

Das Doppelhotel besitzt zwei große Flügel mit einem gemeinsamen Hallenbad und einem Restaurant. Schön ist die Aussicht von der Dachterrasse. *257 Zi (Izgrev) | 257 Zi. (Obzor) | Tel. 052/38 30 00 | Fax 38 30 33 |* www.iberostar.com *| €€*

KEMPINSKI HOTEL GRAND HERMITAGE

Die neue Nobeladresse an der nördlichen Schwarzmeerküste und das erste Elite-Hotel an einem bulgarischen Strand. Abgesehen vom ganz „normalen" Luxus zeichnet sich das Hotel vor allem durch seinen hervorragenden Spa-Komplex mit Heiltherapien aus Indonesien, Japan und Hawaii, mit türkischem Schwitzbad und französischer Schlammtherapien aus. *727 Zi. | Aleia Kempinski 1 | Tel. 052/ 33 32 22 | Fax 33 38 88 |* www.kempinski-varna.com *| €€€*

■ FREIZEIT & SPORT

Bowling, Bogenschießen, Kricket, Minigolf, Volleyball, Riesenschach oder Reiten – am Goldstrand kommt so leicht keine Langeweile auf, bleiben auch in sportlicher Hinsicht kaum Wünsche offen.

Im südlichen Teil des Ortes liegt die Reitschule für Anfänger und Fortgeschrittene. Das Seebad bietet insgesamt zehn Tennisplätze. Gegenüber dem Hotel Metropol liegt der Golden Sands Tennis Club. Eine Tauchschule gibt es nahe der Post am Hotel International *(Tel. 052/ 35 53 23, 0887/35 53 23 |* www.marinabg.com*)*.

Im Norden der Anlage verleiht der Yachtclub Surfbretter, Ruder-, Segel- und Tretboote *(*www.marinabg.com*)*. Entlang des Strandes finden Sie mehrere Anbieter von Jetski, Parasailing und Wasserski. Zwischen Yachthafen und Pier gibt es eine große Wasserrutsche.

■ AM ABEND

DISCO CLUB ADMIRAL

Gute Adresse für Freunde von Pop und Soul. Dancefloor direkt am Strand. *22.30–5 Uhr | neben dem Hotel International*

ARROGANCE MUSIC FACTORY

Täglich gute Party mit internationaler Musik der 1980er- und 1990er-Jahre sowie dem Besten der bulgarischen Čalga. *22–4 Uhr | neben dem Hotel Casino Astera*

■ AUSKUNFT

INFOZENTRUM

im Gebäude der Raiffeisenbank gegenüber dem Hotel Zlatna kotva | Tel. 052/35 56 25 | Fax 35 56 27

■ ZIELE IN DER UMGEBUNG

ALADŽA MANASTIR (ALADŽA-KLOSTER) ★ [113 D5]

Eine Stunde Fußmarsch vom Goldstrand entfernt liegt das 20 m über dem Erdboden in die Felsen gehauene Höhlenkloster, das vermutlich aus dem 14. Jh. stammt. In dem unter Denkmalschutz stehenden Komplex sind zum Teil Räume, Mönchszellen und eine Kapelle erhalten, die durch ein Treppensystem im Gestein miteinander verbunden sind. Zu sehen sind außerdem Fragmente von Wandmalereien aus dem 14. Jh.

Ein kleines Museum gewährt anhand von Modellen, Skizzen und Bildern Einblick in die Geschichte des außergewöhnlichen Klosters. Sehenswert ist hier auch die Sammlung mittelalterlicher Wandmalereien aus dem 12. bis 14. Jh. Einen Blick werfen sollten Sie auch in die nahe gelegenen Katakomben. *Aladža* bedeutet

Den Felsen abgetrotzt: das Höhlenkloster Aladža mit Zellen und Kapelle

bunt, doch leider sind die einst sehr farbenfrohen Wandgemälde inzwischen von Touristen stark beschädigt worden. Empfehlenswert ist, zum Kloster aufwärts zu fahren und den Rückweg zu laufen. *Tgl. 9–18 Uhr | Eintritt 1,50 Euro | www.bulgarian monastery.com. 3 km*

NATURPARK ZLATNI PJASĂCI [113 D–E5]

Der 1320 ha große Park oberhalb von Goldstrand gehört zu den schönsten des Landes und spendet im heißen Sommer wohltuenden Schatten und Frische. Ahorn, Linde und Eiche prägen den seit 1943 geschützten Wald, der sich bis auf 276 m Höhe erstreckt und ideal zum Wandern ist.

Im südlichen Teil wächst eine 200 Jahre alte orientalische Platane mit 4 m Durchmesser. Unterwegs trifft man oft auf Schildkröten und kann den über 80 Arten von Singvögeln lauschen, die hier ihr Refugium haben. *2 km*

RIVIERA [113 E5]

Unmittelbar vor Zlatni Pjasăci liegt die Feriensiedlung Riviera. Zu Zeiten des Kommunismus war Riviera eine ausgesprochen mondäne Ferienoase für die bulgarische und die internationale Politprominenz. Inzwischen ist hier ein moderner Urlaubskomplex entstanden, der für jeden zugänglich ist.

In den fünf renovierten Hotels verschiedener Kategorien stehen insgesamt etwa 500 Zimmer sowie Luxusapartments zur Verfügung *(www. rivierabulgaria.com)*. Der Meeresstrand ist feinsandig, die Pools werden auch hier mit Mineralwasser gespeist. Den besten Ruf Rivieras hat das erst 2004 fertig gestellte Hotel *Imperial (46 Zi. | 26 Apts. | Tel. 052/38 68 11 | Fax 38 67 12 | www. rivierabulgaria.com | €€€).* Ein empfehlenswertes Fischrestaurant gibt es im Hotel *Oazis (Tel. 052/38 69 | €€). 3 km*

> ZUFLUCHT FÜR ROMANTIKER

An der Südküste schlägt der Urlaubstakt langsamer.
Nehmen Sie sich Zeit für wilde Gebirge,
stille Buchten und wunderschöne alte Städte

> Die südliche Schwarzmeerküste gilt als Refugium der Romantiker, Intellektuellen und der Individualisten. In zahlreichen kleinen Fischerdörfern warten günstige Privatquartiere auf Gäste. Nach der Wende haben viele Bulgaren hier ihre eigenen kleinen Familienhotels errichtet. Für ihre Betreiber sind sie oft der einzige Lebensunterhalt.

Oft sind es die älteren Menschen, die sich um die Unterkünfte kümmern, weil die jungen in den großen Kuror-ten und Städten besser verdienen. Deshalb können die Gästezimmer meist nur per Telefon gebucht werden. Computer und E-Mail haben sich hier noch nicht durchgesetzt. Aber auch das hat seinen Reiz. Die Menschen sind natürlich und ausgesprochen gastfreundlich. In den Orten geht es ruhig zu, die kleinen Lokale bieten schmackhafte Küche mit stets frischem Fisch. Im Unterschied zum Norden gibt es südlich von Bur-

Bild: Die Pantokratorkirche in Nesebär

DER SÜDEN

gas deutlich weniger ausländische Touristen. Die bulgarischen Urlauber dominieren.

Wegen der Nähe zur türkischen Grenze, die einstige Nato-Südflanke am Ostblock, waren weiträumige Gebiete im Süden der Küste vom Militär zum Sperrgebiet erklärt worden. Davon profitierte in erster Linie die Natur, die sich in dem Niemandsland nahezu ungestört entfalten konnte. Vor allem im riesigen Nationalpark *Strandža-Gebirge*, aber auch in den zahlreichen kleineren Naturreservaten an den Mündungen der Flüsse finden Urlauber noch intakte Flora und Fauna vor, die mit ihrem Artenreichtum ihresgleichen suchen. Vor der Wende waren im tiefen Süden die Campingfreunde noch unter sich. Die vielen Zeltplätze sind heute zwar zumeist verfallen, doch ihre schönen Strände haben keineswegs an Charme verloren.

BURGAS

**KARTE
AUF SEITE 116/117**

[115 E3] Die riesigen Schlote der Erdölraffinerie und die Betonskyline der neuen Wohnkomplexe von Burgas wirken auf den ersten Blick nicht besonders einladend. Die fast 210000 Ew. zählende Stadt ist eine Industriemetropole und für

Außen schlicht, innen üppig:
Kirche Heilige Kyrill und Method

mel ragende Hotel Bălgaria ist der Nabel der Stadt. In der Nähe liegt der liebevoll restaurierte alte Bahnhof, eine Kopie seines älteren Bruders in Varna. Vom Busbahnhof nebenan bringen Busse und Sammeltaxen die Gäste in alle Küstenorte südlich und nördlich der Stadt. Südlich liegt auch der lang gestreckte Hafenkomplex.

Die Flaniermeile von Burgas ist die ▶▶ Alexandrovska. Gleich hinter dem Hotel Bălgaria geht es rechts über die Straße Aleko Bogoridi entlang hübscher Boutiquen und Konditoreien zum Meeresgarten – der beliebteste Park der Einheimischen: Cafés, Restaurants und Spielplätze locken im schattigen Grün direkt am Meeresufer.

Die zweitgrößte Schwarzmeerstadt Bulgariens liegt an der gleichnamigen Bucht und ist von drei Seen umgeben: Atanasovsko, Burgasko und Mandrensko. Wegen der Süßwasserquellen legten die Römer hier für die Veteranen ihrer Achten Legion den antiken Kurort *Colonia Deultum* an, dessen Reste im Dorf Debelt zu sehen sind. Durch die Anbindung an die Eisenbahn entwickelte sich die im 19. Jh. nur 3000 Ew. zählende Stadt rasch zum wichtigsten Hafen Südbulgariens.

■ **SEHENSWERTES** ■

**ARCHEOLOGIČESKI MUZEJ
(ARCHÄOLOGISCHES MUSEUM)** [117 D3]
Das Gebäude der ersten bulgarischen Klassenschule (1889) beherbergt die größte Sammlung von Ankersteinen und Schwergewichtsankern auf dem Balkan. Es gibt auch Holzschiffe des 2. Jhs. zu sehen. *Mo–Fr 8–12 und 13.30–17 Uhr | Aleko Bogoridi 21*

viele nur Zwischenstation auf dem Weg zum Ferienziel.

Doch Burgas hat auch Reize, die es sich zu entdecken lohnt. Das belegt schon ein Bummel durch das kompakte Zentrum. Das in den Him-

ARMENSKA CÄRKVA (ARMENISCHE KIRCHE) [117 D3]

1858 von der armenischen Gemeinde in Burgas errichtet. Noch heute beten die Gläubigen auf weichen Orientteppichen. *Tgl. 9–18 Uhr | Lermontov 11 | hinter dem Hotel Bǎlgaria*

ETNOGRAFSKI MUZEJ (VOLKSKUNDEMUSEUM) [117 D2]

Trachten, Gewebe und Schmuck aus dem Strandža-Gebirge, u. a. der Feuertänzer. Gemütliches Café im Garten. *Mo–Fr 8–12 und 13–17 Uhr | Slavjanska 69*

HRAM SVETA BOGORODICA (KIRCHE HEILIGE GOTTESMUTTER) [117 D3]

Schöne Wandmalereien im typischen griechisch-orthodoxen Stil. *Tgl. 9–18 Uhr | Lermontov 5*

HRAM SVETI IVAN RILSKI (KIRCHE HEILIGER IVAN RILSKI) [117 D3]

Dem Einsiedler und Gründer des berühmten Rilaklosters Ivan Rilski gewidmet. Ein typisch orthodoxes Gotteshaus, entstanden nach der vom Sultan gewährten Unabhängigkeit der bulgarischen Kirche. Wertvolle Ikonen. *Tgl. 9–18 Uhr | Alexandrovska 149*

HRAM SVETI KIRIL I METODIJ (KIRCHE HEILIGE KYRILL UND METHOD) [117 D2]

Das größte Gotteshaus von Burgas wurde 1895 nach Plänen des italienischen Architekten Ricardo Toscani gebaut. Die Kirche liegt nahe dem Meeresgarten und bietet im Inneren beeindruckende Wandmalereien und reich verzierte Ikonostase. *Tgl. 9–20 Uhr | Ploschtad Kiril i Metodij 11*

MARCO POLO HIGHLIGHTS

★ **Nestinari**
Mit nackten Füßen auf heißer Glut tanzen (Seite 65)

★ **Auferstehungskirche**
Die romantische Kapelle überstand Ahtopols Feuersbrunst (Seite 66)

★ **Nesebǎr**
Wo Antike, Mittelalter und Wiedergeburtsepoche aufeinander treffen (Seite 67)

★ **Muzej na solta**
Spannende Reise in die Welt der Salzgewinnung (Seite 71)

★ **Starata izba**
Im größten Weinkeller des Balkans (Seite 72)

★ **Antična grobnica**
Ein Grabmal der besonderen Art (Seite 74)

★ **Veleka-Mündung**
Unberührte Natur im Jagdrevier des Zaren (Seite 75)

★ **Rezovo**
Viel Ursprünglichkeit im früheren Sperrgebiet (Seite 76)

★ **Sozopol**
Malerische Altstadt mit starker Anziehungskraft nicht nur auf Künstler (Seite 80)

★ **Ropotamo**
Lianenwälder und sagenumwobene Felsen prägen das Naturreservat (Seite 85)

HUDOŽESTVENA GALERIA
(GEMÄLDEGALERIE) [117 D3]

In der ehemaligen jüdischen Synagoge von 1910 wird Kunst präsentiert. Neben den zeitgenössischen Werken ist auch die sehenswerte Ikonensammlung aus der Wiedergeburtszeit einen Besuch wert. *Di–Fr 9–18 | Sa 9–13 Uhr | Mitropolit Simeon 24*

ISTORIČESKI MUZEJ
(HISTORISCHES MUSEUM) [117 D3]

Die seit 1925 existierende Sammlung beherbergt u. a. antike Keramik, Grabsteine und Münzen. *Mo–Fr 9–12 und 13.30–17 Uhr | Lermontov 31*

MORSKA GRADINA
(MEERESGARTEN) [117 E1–3]

Großer Park östlich des Stadtzentrums mit prachtvollen Blumenbeete und alten Bäumen. Spazierwege führen entlang zahlreicher Denkmäler, u. a. des polnischen Dichters und Freiheitskämpfers Adam Mickiewic, der während des Krimkrieges 1855 in Burgas lebte. Das Sommertheater ist die Bühne für Konzerte und Kinderveranstaltungen.

PRIRODONAUČEN MUZEJ
(NATURKUNDEMUSEUM) [117 D3]

Der Naturreichtum der Region Burgas unter einem Dach. *Mo–Fr 9–12 und 13.30–17 Uhr | Fotinov 30*

Nizza? Portofino? Miami? Burgas!

■ ESSEN & TRINKEN ■
Insider Tipp
BAR & FOOD KAHUNA ▶▶ [116 C1]

Hier treffen sich die Studenten der Freien Universität Burgas. Gute und preiswerte Küche in attraktivem postmodernem Ambiente. *Vardar/ Ecke Šar Planina | Tel. 056/320 76 | €*

MEHANA DOMINO [117 E3]

Bei den Einheimischen für Familienfeste, v. a. Hochzeiten, beliebtes Lokal mit abwechslungsreichem Angebot an Fischspezialitäten. *Boulevard Demokrazia 7 | Tel. 056/83 20 35 | €€*

RESTAURANT ROYAL [117 E2]

Schmackhaftes bulgarischer und serbischer Grilltradition. Reichhaltige Salate und gute Weinkarte. *Exarch Yosif 12 | Tel. 056/84 42 20 | €€€*

■ EINKAUFEN ■
ALEXANDROVSKA/BOGORIDI [117 D3]

Auf den beiden sich vor dem Hotel Bălgaria kreuzenden Boulevards liegen die wichtigsten Geschäfte, Cafés und Treffpunkte der Stadt.

GERONIMO [117 D3]

Bulgariens feinste Adresse für Herrenunterwäsche. Und wer seine Badehose vergessen hat: Hier gibt es auch schrille Bademode. *Georgi Kirkov 5 | www.geronimo-bg.com*

NAUTICAL [117 E3]

Maritimes Zubehör und Mitbringsel sowie Spielzeug. *Sofronij 25 | nahe Meeresgarten*

ÜBERNACHTEN

GRAND HOTEL BÄLGARIA [117 D3]

Das renovierte 3-Sterne-Hotel hat 300 Betten, liegt sehr zentral und bietet ein ☀ Panoramarestaurant mit toller Aussicht über Stadt und Küste. *158 Zi. | 12 Apts. | Alexandrovska 21 | Tel. 056/84 28 20 | Fax 84 06 01 | www. bulgaria-hotel.com | €€€*

HOTEL COSMOS [0]

Gutes, günstiges Haus für die Durchreise, 2 km vom Zentrum entfernt. *98 Zi. | 12 Apts. | Stefan Stambolov 2 | Tel. 056/81 34 00 | Fax 81 33 96 | www.hotelcosmos.com | €€*

HOTEL PRIMOREC [117 E3]

Traditionsreiches Haus nahe dem Strand. *99 Zi. | 4 Apts. | Alexander Batenberg 2 | Tel. 056/84 14 17 | www. hotelprimoretz.com | €*

SPORT & STRÄNDE

Unterhalb des Meeresgartens liegt der Strand, zu dem steinerne Treppen führen. Wegen des hohen Magnetitgehaltes ist der Sand auffallend dunkel und wird bisweilen sehr heiß.

WINDSURF CLUB
BURGAS ▶▶ [117 E1–2]

Bretter und Zubehör werden vermietet. *Im Norden des Meeresgartens*

AM ABEND

DANCE CLUB ALIBI [117 E2]

Hier tanzt Burgas' House- und Dance- Szene im Sommer die Nächte durch. Bulgarische Kult-DJs legen auf. *Im Meeresgarten | 21–6 Uhr*

DISCO & BAR
COOL BROTHER ▶▶ [116 C1]

Insider Tipp

Die ultimative Tanzfläche der Stadt im Gebäude der Freien Universität Burgas. Nicht nur für Studenten. *San Stefano 62 | 22–3 Uhr*

FREILICHT-SOMMERTHEATER [117 E1]

Nachmittags und v. a. am Abend spielen hier Laienorchester. Am Wochenende Kinderprogramm. *Im Meeresgarten | Tel. 056/82 00 55*

KINO [117 D3]

Für Cineasten, die sich ihren Lieblingsfilm einmal in Originalfassung mit bulgarischen Untertiteln anschauen wollen. *Trakia | Car Asen I 6 | Septemvri | Alexandrovska 53 | www.kinobg.com (nur bulgarisch)*

KONZERTSAAL [117 D2]

Burgas hat ein eigenes philharmonisches Orchester. *Volga 1 | Tel. 056/ 84 26 81*

OPER UND BALLETT [117 D3]

Das Haus hat in Bulgarien einen guten Ruf. Auf dem Spielplan stehen internationale und bulgarische Werke. *Kliment Ochridski 2 | Tel. 056/84 29 98.*

CAREVO

Nur für einen Zwischenstopp viel zu schade: die Hafenstadt Burgas

■ AUSKUNFT

ALMA TOUR [117 D6]
Bulair 12 | Tel./Fax 056/82 83 49 |
burgas@almatour.net

■ ZIELE IN DER UMGEBUNG

BURGASKI MINERALNI BANI
(MINERALQUELLEN VON BURGAS) [0]

Seit dem 11. Jh. als Aqua Calidae bekannte Heilquelle inmitten eines Parks. Der osmanische Sultan Selim der Prächtige II. ließ hier im Stil eines klassischen türkischen Bades das Gebäude errichten, das in Teilen erhalten ist. 50 l pro Sekunde spendet die Heilquelle bei einer Temperatur von 41 °C. Im nahen Sanatorium wird das Mineralwasser in Kombination mit Schlamm aus Pomorie als Heilmittel eingesetzt. *12 km*

OSTROV BOLŠEVIK
(INSEL DER BOLSCHEWIKEN) [115 E3]

Südöstlich von Burgas liegt die Felseninsel *Ostrov Bolševik*, inzwischen eigentlich Heilige Anastasia benannt nach dem früheren Kloster. Einst eine viel besuchte Pilgerstätte, wurde das Kloster Ende des 19. Jhs. geschlossen. 1925 diente die Insel als Kerker für zum Tode verurteilte Kommunisten. Nach einer Meuterei flüchteten die verurteilten Bolschewiken in die Sowjetunion. Bis nach der Wende wurde die Insel in deren Gedenken Bolševik genannt – für viele ist sie das geblieben. Heute gibt es hier ein kleines Museum sowie einen moderner Leuchtturm. *Im Sommer fahren vom Hafen Burgas Boote zur Insel*

CAREVO

[115 F5] **In der geschützten Bucht erwärmt sich das Meer schneller als anderswo. Die bei Bulgaren sehr beliebte Ortschaft (6200 Ew.) lockt mit unzähligen Privatquartieren, zwei schönen Stränden und dem nahen Strandža-Gebirge.** Der Tourismusboom hat Carevo noch nicht erreicht, das Städtchen wirkt einfach und ruhig. Dank des guten Klimas werden um Carevo Feigen angebaut. Vom nahen ☼ Gipfel Papia (502 m) mit den Ruinen einer alten Festung eröffnet sich ein schöner

Blick aufs Meer und die Wälder des Strandža-Gebirges. Sehenswert sind die Kirchen Heilige Gottesmutter (1825) und Zar Boris (1830) hinterm schön renovierten Kulturhaus am zentralen Platz. Die Fußgängerzone führt entlang vieler Läden zum Meerespark mit schönem Blick aufs Wasser.

ESSEN & TRINKEN

MECHANA GORSKI KÄT

In dem volkstümlichen Lokal werden Ihnen sowohl klassische bulgarische Gerichte als auch tschechische und slowakische Spezialitäten serviert. *Vasil Levski 9 | Tel. 0550/541 76 | http://foresthook.bgin vent.net/ | €€*

NEPTUN

Gute Meereskost wird hier direkt am Strand serviert. *Krajmorska 4 | €*

ÜBERNACHTEN

HOTEL TZAREVO PLAZA

Kleines, zentral gelegenes Hotel mit schönem ☀ Café mit Aussicht auf die Dächer und das Meer. *4 Zi. | 6 Apts. | Asparuch 40 | Tel. 0887/ 63 84 11 | tzarevoplaza@mail.bg | €*

PRI NIKOLAI DŽAMBAZOV

Insider Tipp

Nikolai Džambazov ist ein in Bulgarien bekannter Segelprofi, der bis vor wenigen Jahren allein mit seiner Yacht die Weltmeere durchkreuzte. Nun hat er sich in Carevo niedergelassen und vermietet Wohnungen in seinem Haus am Traumstrand Arapja. Segelkurse gehören zum Programm; bei Interesse bietet die Tauchschule Expeditionen zu Carevos Fjorden an. *9 Zi. | Kvartal Vasiliko | Tel. 0888/73 66 27 | www.ho teldjambazov.hit.bg | €€*

FREIZEIT & SPORT

In dem benachbarten Örtchen Lozenec gibt es eine gute Surfschule, auch für Kite und Hawaiibrett. Entsprechende Ausrüstungen werden vermietet. *Tel. 0888/30 86 30 | http:// slozenec.hit.bg/sport.html*

> NESTINARI

Faszinierende Tänze auf heißer Glut

Im Strandža-Gebirge im Süden Bulgariens wird bis heute am 21. Mai, dem Tag der Hl. Konstantin und Elena, der Brauch des Feuertanzens gepflegt. Zentrum der Feierlichkeiten ist das Dorf Bălgari. Die Heiligen sollen den ⭐ Nestinari (Feuertänzern) an diesem Tag die spirituelle Kraft verleihen, auf heißer Glut zu tanzen, ohne sich zu verbrennen. Nach einer Prozession versammeln sich alle am späten Abend auf dem Dorfplatz, wo ein großes Feuer brennt. Zur Musik von Trommel und Dudelsack tanzen die barfüßigen Nestinari ekstatisch auf der zehn Zentimeter dicken Glut. Dabei tragen sie die Ikonen der Heiligen vor sich her und küssen sie. Die Tradition geht zurück auf den christlichen Kaiser Konstantin I., der ein Verehrer des Feuers war und den Tänzern erlaubte, ihr heidnisches Fest weiterhin zu feiern. Wegen des großen Interesses finden die sehenswerten Tänze nicht nur am 21. Mai statt.

CAREVO

■ AUSKUNFT ■■■■■■■■■■■

TOURISMUSAMT
*Michail Gerdžikov 18 | Tel. 0550/
524 60 | www.tzarevo.info*

■ ZIELE IN DER UMGEBUNG ■

AHTOPOL   **[115 F5]**

Die Griechen nannten sie Agatopol –
Stadt des Glücks. Die südlichste
Stadt Bulgariens (1200 Ew.) zieht
mit ihrem warmen, ruhigen Meer
vorwiegend bulgarische Badefreunde
an. Hier dominieren Ferienheime und
Bungalowsiedlungen der sozialistischen Ära. Am Hafen beginnt der

▶ LOW BUDGET

> Nicht nur Antikes gibt es donners-
> tags günstig auf dem Flohmarkt im
> Dorf Kableškovo **[115 E3]** bei Burgas.

> Bulgarisches Kristall und traditionelle
> Teppiche kosten ab Fabrik in Sliven
> weniger als im Laden. Fragen Sie
> nach organisierten Besichtigungs-
> und Einkaufstouren in Ihrem Hotel.

> Im Metro-Großmarkt **[0]** von Burgas
> bekommen Sie auch als „Kleinein-
> käufer" problemlos einen Tagesaus-
> weis und handliche Packungen zu
> guten Preisen. Stefan Stambolov 103

> Shuttlebusse bringen Vergnügungs-
> süchtige kostenlos zum Baden in den
> Aquapark am Sonnenstrand. Die Hal-
> testellen sind ausgeschildert.

> Ausflüge nach Istanbul und zum Bos-
> porus sind von Burgas sehr günstig
> (3 Tage ab 100 Euro). Fragen Sie im
> Hotel oder beim Reiseleiter.

> Typische bulgarische Keramik zu
> wirklich minimalen Preisen finden
> Sie auf Burgas' Bauernmarkt
> **[117 D2]**. Tgl., Pl. Trojata

Promenadenweg *(Krajmorska uliza)*,
der von einem blauen, mit Fischen
verzierten Zaun markiert wird. Auf
einem felsigen Hügel steht die 1776
gebaute kleine ⭐ Auferstehungskirche *Cărkva Vaznesenie Gospodne*,
die als einziges Gebäude 1918 einen
verheerenden Brand überstand *(ul.
Briz 14)*. Vom gegenüberliegenden
☆ Hof eröffnet sich eine ausgezeichnete Sicht auf die südliche Küs-
tenregion. Auch vom Fischlokal
☆ *Četirimata Kapitani (Krajmors-
ka 29 | €)* und von der ☆ Terrasse
des *Café Prego (Hristo Botev 18)* `Insi Tir`
kann man das Panorama genießen.
Wer länger bleibt, hat im bescheide-
nen ☆ *Hotel Neptun* auch einen guten Blick auf die Weite des Meeres
*(Ecke Sveti Nikola/Georgi Kondov |
Tel. 05563/21 64 | €–€€)*. Info unter
http://ahtopol-bg.com. 10 km

LOZENEC UND VELIKA ▶▶   **[115 F5]** `Insi Tir`

Das kaum 500 Ew. zählende Dorf
Lozenec ist im Sommer beliebter Ur-
laubsort vieler Sofioter. Vor allem Ju-
risten treffen sich hier neuerdings in-
formell mit ihren Familien. Es liegt
inmitten fruchtbarer Weinberge, die
ihm nicht nur den Namen *(loza* heißt
Rebe), sondern auch eine typisch mediterrane Atmosphäre verleihen.

Nur 3 km weiter westlich schließt
sich gleich das Dorf *Velika* an. Hier
lohnt besonders der private botanische Garten des Agronomen Serafim
Serafimov einen Besuch. Über 2500
Pflanzenarten gibt es zu sehen, darunter allein 1600 verschiedene Kak-
teen sowie seltene Pflanzen der
Strandža-Region. *Tgl. 8.30–18.30
Uhr, Tel. 0550/571 66 | Eintritt 1
Euro. 12 km*

Wo die alten Griechen das Glück geortet haben: Felsenküste bei Ahtopol

NESEBĂR

 **KARTE
AUF SEITE 116** ⭐

**[115 E3] (8700 Ew.) Eine alte Windmühle
aus Holz grüßt die Besucher, wenn sie sich
vom Sonnenstrand aus der zauberhaften
Stadt nähern.** Auf einer Landzunge
streckt sich die 25 ha große Altstadt
Nesebărs dem Meer entgegen. Ein
etwa 400 m langer Damm verbindet
die Halbinsel mit dem Festland.
Mehr als 40 Kirchen sollen sich einst
auf dem Zipfel gedrängt haben. Auf
Schritt und Tritt finden sich hier
Zeugnisse mittelalterlicher Bau-
kunst. Beim Spaziergang durch die
romantische Altstadt mit ihren engen
und gepflasterten Gassen, den gut erhaltenen Wiedergeburtshäusern, vorbei an Gärten voller Weinreben und
Feigenbäume wird die religiöse und
kulturelle Bedeutung Nesebărs durch
die Jahrhunderte hindurch deutlich
spürbar.

Nesebărs Altstadt gilt als eine der
ältesten Siedlungen Europas und
steht auf der Unesco-Liste des Welt-
kulturerbes. Die Neustadt mit ihrer
Infrastruktur nimmt sich der Touristen an und bietet viele Unterkünfte in
Familienhotels. In der Sommersaison
ist die sehenswerte Altstadt stets von
Tausenden Touristen sowie von Ver-
käufern von Kunst und Kitsch regel-
recht belagert. Dennoch: Das mär-
chenhafte Städtchen sollten Sie kei-
nesfalls versäumen.

◾ SEHENSWERTES

ARCHEOLOGIČESKI MUZEJ
(ARCHÄOLOGISCHES MUSEUM)

Völkervielfalt pur: Ausgrabungs-
funde der Thraker, Griechen, Römer,
Osmanen und Bulgaren. *Tgl. 9–12
und 14–18 Uhr | Messemvria 30*

ETNOGRAFSKI MUZEJ
(ETHNOGRAFISCHES MUSEUM)

Kunsthandwerk, Schmuck und
Trachten im Wiedergeburtshaus geben einen Überblick über die Volks-
kultur der Region. *Tgl. 9–12 und 14–
18 Uhr | Jana Lăskova 32*

HRAM SVETA PARASKEVA (KIRCHE HEILIGE PARASKEVA)

Meisterhafter Ziegelschmuck und Keramikrosetten aus dem 13. Jh. *Hemus/Ecke Venera*

HRAM SVETA SOFIJA (SOPHIENKIRCHE)

Die alte Metropolitenkirche (5./6. Jh.) ist eine dreischiffige Basilika, deren Boden mit vielfarbigen Mosaiken ausgelegt war. *Mitropolitska*

HRAM SVETI JOAN ALEITURGETOS (KIRCHE HEILIGER JOHANNES DER UNGEWEIHTE)

Gotteshaus aus dem 13. Jh. mit abwechslungsreichen Ornamenten an den Außenmauern. *Mena/Ecke Ivan Alexander*

HRAM SVETI JOAN KRÄSTITEL (KIRCHE HEILIGER JOHANNES DER TÄUFER)

Aus dem 10. Jh. im typischen Übergang von der Basilika zur Kreuzkuppelkirche. Wertvolle Wandmalereien aus dem 14. Jh. *Mitropolitska*

HRAM SVETI PANTOKRATOR (KIRCHE HEILIGER PANTOKRATOR)

Die Kreuzkuppelkirche des 13. Jhs. gehört zu den besterhaltenen mittelalterlichen Bauten in Bulgarien. Sehenswert die filigrane Fassade und die farbigen Keramikornamente. *Messemvria/Ecke Mitropolitska*

HRAM SVETI STEFAN (STEPHANSKIRCHE)

Die so genannte neue Metropolitenkirche aus dem 10. Jh. besitzt ausgesprochen schöne Wandmalereien des 16. Jhs., deren Realismus typisch ist für die bulgarischen Fresken jener Epoche. *Mena/Ecke Ribarska*

ESSEN & TRINKEN

EMONA ✲

Hier tafeln Sie zwischen wunderschönen alten Häusern, unter lauschigen Weinreben und mit herrlicher Aussicht auf die Küste. *Altstadt | Messemvria 4 | Tel. 0554/420 22 | www.emona-ns.com | €€*

FRONTON

Die stets gut besuchte Eisbar im Herzen der Altstadt lohnt für einen erfrischenden Zwischenstopp. *Messemvria 10 | Tel. 0887/45 88 24 | €*

HONOLULU

Dieses Restaurant ist zusammen mit den Lokalen *Neptun* und *Perla* bei Bulgaren auch als Bermudadreieck bekannt. Sein Besitzer Krassi holt den Fisch selbst aus dem Meer. Empfehlenswert ist die Scholle in Spinat *(kalkan v spanak)*. *An der Uferpromenade | Tel. 0554/455 05 | €*

KAPITANSKA SREŠTA

Insider Tip

Der „Kapitänstreff" wartet mit einem reichhaltigen Fischangebot auf. Die gemütliche ✲ Terrasse bietet außerdem Blick aufs Meer. *Altstadt | Mena 22 | Tel. 0554/421 24 | http://kapitanska-sreshta.sea-hotels-bg.com | €€*

PERLA

Bulgarische Spezialitäten und fangfrischer Fisch. *Tgl. 9 Uhr bis der letzte Gast geht | Ivan Assen 20 | Tel. 0554/421 12 | €€€*

ÜBERNACHTEN

HOTEL ALEXANDROV PLAZA

Familienhotel in der Neustadt mit gemütlicher Ausstattung, Pool auf dem Dach und nur 300 m vom Strand entfernt. *35 Zi. | 10 Apts. | Sveti Kiril i Metodij 16 | Tel. 0554/444 91 | www. alexandrovplaza.domino.bg | €€*

HOTEL GERGANA

Kleines Hotel mit Restaurant in der Neustadt. Die 7 Zimmer und 3 Apartments haben TV und Kühlschrank. Hotelgäste genießen in der Gaststätte 10 % Rabatt. *Sveti Kiril i Metodij 24*

HOTEL LAMBOVI

Ordentliches und preiswertes Hotel im Zentrum der Neustadt und nahe dem Strand. *15 Zi. und 3 Apts. | Han Krum 16 | Tel. 0554/434 05 | Fax 434 77 | lambov@infotel.bg | €*

HOTEL MONTE CHRISTO

Gemütliches, modern eingerichtetes Familienhotel im schönen alten Haus

Nesebärs „neue" Metropolitenkirche ist auch schon über 1000 Jahre alt

| Tel. 0888/32 71 68 | http://hotelgergana.hit.bg | €

HOTEL IBEROSTAR FESTA PANORAMA

Das moderne und großzügig gebaute Haus liegt nahe der Altstadt und bietet einen schönen Blick auf den Sonnenstrand. *180 Zi. | Tel. 0554/297 00 | Fax 297 27 | www.iberostar.com | €€€*

im Altstadtzentrum. *12 Zi. | Venera 2b | Tel. 0554/420 55 | Fax 455 55 | montechristo@infotel.bg | €€€*

HOTEL SVETI STEFAN

Feines 3-Sterne-Altstadthotel gegenüber der Stephanskirche mit Whirlpool, Satelliten-TV und Internetanschluss. *16 Zi. | 3 Apts. | Ribarska 11 | Tel. 0554/436 03 | Fax 436 04 | www.bourgas.org/st_stefan | €€*

NESEBÄR

EINKAUFEN

Die schmalen Gassen der Altstadt gleichen manchmal einem orientalischen Basar. Mehr Ramsch als Wertvolles ist im Angebot. Neben den mit viel Aufwand von bulgarischen Großmüttern über den Winter gehäkelten Tischdecken und Tüchern stapeln sich bestickte Blusen, gefälschte Militaria, Sporthemden mit DDR-Wappen und Ikonenkopien. Jeder Stadtteil hat seinen Bauernmarkt, auf Sie sich stets mit frischem Obst und Gemüse eindecken können. Allerdings haben die Stände in der Neustadt meist die besseren Preise.

STRÄNDE

In Nesebär gibt es zwei zum Baden geeignete Strände: den Kiesstrand im Süden und den Sandstrand im Norden der Neustadt. Letzterer hat den feinsten Sand der bulgarischen Schwarzmeerküste. Bis weit ins Hinterland erheben sich die hohen, goldgelben Sanddünen. Sie beginnen nördlich des Strandes von Slănčev Brjag, nehmen an der Landzunge wieder ab und verwandeln sich südlich von Ravda in riesige Hügel.

AM ABEND

FOLK CLUB KAZBA

In dem Čalga-Tempel gibt es das Beste des bulgarischen Pop-Folk bis zum Mittag des nächsten Tages. *Tgl. 22–12 Uhr | Ljuben Karavelov 11*

TEQUILA BAR

Angesagte Tanzfläche für House & Dance. Bulgarische Kult-DJs und internationale Acts legen hier auf. *Tgl. 21–4 Uhr | Altstadt | Nordkai*

AUSKUNFT

Diverse Websites bieten Informationen über Nesebär: *http://nesebar.net | www.nessebarinfo.com | www.nesse*

Vorsicht, Ramsch! In Nesebärs Gassen sind die Auslagen bunt, aber nicht bulgarisch

bar-bg.com | www.nesebar.com
www.ancient-nesebar.com (speziell
zur Altstadt)

MESSEMVRIA HOLIDAYS
*Messemvria 1 | Tel./Fax 0554/458 80
| www.nesebar-travelagencies-bg.
inn26.bg*

POMORIE

[115 E3] Zwei Dinge prägen diese ruhige Stadt (14 600 Ew.): Salz und Schlamm. Auf einer engen, felsigen Halbinsel gelegen, profitiert Pomorie von der Lagune, die sich nördlich des Ortes erstreckt. Schon die Griechen nutzten das natürliche Becken zur Salzgewinnung aus Meerwasser. Jenseits der Lagune liegt der See von Pomorie, der dem Ort seinen Heilschlamm bescherte und damit seinen guten Ruf als Kurbad begründete. In architektonischer Hinsicht unterscheidet sich Pomorie deutlich

von Nesebär und Sozopol, denn 1906 fielen hier fast alle Holzhäuser einem Brand zum Opfer. Einige wenige Gebäude im klassischen Wiedergeburtsstil stehen noch nahe der alten Mole im Osten der Stadt. Ansonsten prägen zahlreiche Ferienheime das Stadtbild. Im Meerespark steht die Büste des bulgarischen Lyrikers Pejo Javorov, der seine schönsten Gedichte Pomorie widmete.

■ SEHENSWERTES
KLOSTER SVETI GEORGI

Das einzige bewohnte Kloster der Küste wurde erstmals im 12. Jh. erwähnt, doch die Gebäude in ihrer heutigen Form existieren erst seit 1856. Wertvolle Ikonen und das Steinrelief des heiligen Georgs, des Drachentöters, gibt es zu sehen. Im von Blumen umrankten Klostergebäude leben Mönche, die mit Hilfe von Bauern aus der Umgebung eigenen Wein und Traubenschnaps herstellen und auch verkaufen *(Rotwein 1,50 Euro | Weintraubenschnaps mit Rebenzweig in der Flasche 2,50 Euro)*. Am Georgstag, dem 6. Mai, feiern Kloster und Ort ihren Schutzheiligen. *Knjaz Boris 110 | zwischen Alt- und Neustadt am Bahnübergang | www.monasterypomorie.org*

MUZEJ NA SOLTA (SALZMUSEUM) ★

Das Museum rund um das Salz ist eine Besonderheit an der Schwarzmeerküste – wie auch die Salzgewinnung durch Verdunstung selbst, die sonst eher aus dem Mittelmeerraum bekannt ist. Im neuen Zentrum veranschaulichen Tafeln und Filme (auch in Deutsch), wie das Meerwasser in den Salinen verdunstet und

POMORIE

Kein Stress, keine Hektik: In den Cafés von Pomorie geht es noch beschaulich zu

Salz zurückbleibt. Etwa 30 000 t werden jährlich in Pomorie gewonnen. Von der Museumsterrasse lassen sich mehr als 240 Vogelarten beobachten, die in Lagune und Salinen nisten. Das Areal steht unter Naturschutz. *Mo–Fr 8–16.30 Uhr | vom Zentrum aus den Schildern folgen*

◼ ESSEN & TRINKEN ◼◼
GORO BORO
Gute und preiswerte bulgarische Küche gegenüber dem Interhotel Pomorie. *Boulevard Javorov | Tel. 0596/ 222 63 | €*

MECHANA LOVNO HANČE
In der „Jägerklause" werden traditionelle bulgarische Gerichte mit viel Fisch in folkloristischem Ambiente serviert. Abends gibt es Livemusik zum Menü. *Stara Planina 8 | Tel. 0596/226 25 | www.pomorie.com/lov nohanche | €€*

STARATA IZBA (ALTER WEINKELLER) ★
Am südlichen Ortseingang liegt die alte Weinkellerei von Pomorie. Sie ist berühmt für die Sorten Pamid, Dimiat, Grand Noir, Merlot und Cabernet Sauvignon und stellt auch den besten bulgarischen Weinbrand her, *Black Sea Gold*. Wer kosten möchte, sollte Zeit einplanen und vorher nichts essen. Je zwei Sorten Rot- und Weißwein sowie Weinbrand gehören zum Verkostungsprogramm, dazu gibt es Mineralwasser, Brot und Käse. Abends wird der Grill im Garten mit Fleisch bestückt und Livemusik gespielt. Außerdem gibt es eine Disko mit Čalga-Musik. Nicht verpassen sollte man den Rundgang durch den Weinkeller mit den riesigen alten Fässern. *Izbata | Tel. 0596/ 323 88 | Verkostung 7 Euro | Abendprogramm 12 Euro | www.bsgold.bg*

◼ ÜBERNACHTEN ◼◼
HOTEL MANZ
Gemütliches Hotel in der Altstadt nahe dem Yachthafen, mit großen Terrassen und Pool auf dem Dach. *12 Zi. | 1 Apt. | Veliko Tarnovo 12 | Tel. 0596/248 17 | Fax 248 18 | www.pomorie.com/manz | €*

❯ www.marcopolo.de/bulgarien-meer

HOTEL SAINT GEORGE

Ganzjährig geöffnetes, kinderfreundliches Haus. Bietet Schlammkuren und ausgezeichnete Fischküche. *46 Zi. | 14 Apts. | Javorov 15 | Tel. 0596/244 11 | Fax 261 60 | www.st-george-bg.com* | €€

INTERHOTEL POMORIE

Das 1976 als Flaggschiff von Balkantourist gebaute Hotel ist spartanisch eingerichtet und z. T. renovierungsbedürftig, wegen der Schlammkuren und des Schwimmbads dennoch gut besucht. *113 Zi. | 3 Apts. | Javorov 3 | Tel. 0596/244 40 | Fax 222 80 | www.pomorie.com/ih-pomorie* | €€€

AM ABEND

BUDDHA BAR/DISCO MESSALINA

Die Bar direkt am Meer ist tagsüber ein beliebtes Café und am späten Abend eine Diskothek mit aktuellem Latin-House. *Bar tgl. 9–2 Uhr | Diskothek tgl. 23–4 Uhr | Javorov 15*

AUSKUNFT

INFOZENTRUM

Solna 15   Tel. 0596/222 78 | www.pomorie.com

> BLOGS & PODCASTS

Gute Tagebücher und Files im Internet

Blogs und Podcasts zur Bulgarischen Schwarzmeerküste sind zumeist in englischer Sprache verfasst.

> **Aktuell und nützlich** – Infos gemischt mit Reiseberichten von Urlaubern gibt es auf *http://travel.yahoo.com/p-travelguide-191501720-bulgaria_vacations-i;_ylt=AqXdmjPy37UFSLS1vDQdHyDPHmoL*. Das Ganze ist gut strukturiert und übersichtlich.

> **Sportliche Abenteuer** – Der US-Blog *http://community.iexplore.com/planning/JournalDestination.asp?LocationID=134&Mode=0* befasst sich vor allem mit Abenteuerreisen. Sportsfreunde schildern ihre Erfahrungen in Sachen Wassersport und Tauchen an der bulgarischen Küste.

> **Britische Sicht auf die Küste** – Die Kommentare und Informationen zu einzelnen Reisezielen und Produkten Bulgariens auf *http://travel.ciao.co.uk/Bulgaria_Experience_5296503_4.* stammen ausschließlich aus Großbritannien.

> **Bilderschau** – Viel zu gucken gibt's unter *http://www.webshots.com/search?query=bulgaria&new=1&source=chromeheader*. Die reiche Fotosammlung zu Bulgariens Schwarzmeerküste bietet nicht nur Urlaubsbilder, sondern auch echte Meisterwerke.

> **Spannendes und Lustiges** – Wenn Weltenbummler über Varna oder Burgas die Schwarzmeerküste und die Berge im Hinterland erkunden, haben sie viel zu erzählen. Unter *http://www.travelpod.com/travel-blog-country/Bulgaria/.html* geben sie Spannendes und Lustiges über ihre Begegnungen mit Land und Leuten zum Besten.

Für den Inhalt der Blogs & Podcasts übernimmt die MARCO POLO Redaktion keine Verantwortung.

SINEMOREC

ZIEL IN DER UMGEBUNG

ANTIČNA GROBNICA (SPÄTANTIKES KUPPELMAUSOLEUM) ⭐ [115 E3]

Rund 5 km westlich von Pomorie, an der Schnellstraße nach Slănčev Brjag gegenüber dem Campingplatz Evropa, liegt das einmalige antike Kuppelgrabmal *Kuhata Mogila* – mitten in einem Versuchsgarten der Bulgarischen Akademie der Wissenschaften. Hohler Hügel bedeutet sein bulgarischer Name und beschreibt damit treffend die außergewöhnliche Anlage des Grabmals, das im 2. oder 3. Jh. vermutlich für eine thrakische Herrscherfamilie gebaut wurde. Eine mächtige Säule in der Mitte trägt die Grabkuppel – wie ein Riesenpilz seine Kappe. *Tgl. 9–12 und 15–20 Uhr | Eintritt 1 Euro*

WEINKELLEREI BOIAR [115 E3]

Insider Tipp

Von der südlichen Ausfahrt Pomories in Richtung Burgas sind es nur 2,5 km bis zum neuen, mit EU-Fördermitteln errichteten Ökoweinhaus, das Reben aus der Region verarbeitet. *Weinladen tgl. 8–12.30 und 13–20 Uhr | Restaurant 8–20 Uhr | Tel. 0596/225 83 | Führungen auf Englisch und Weinverkostung mit Snacks nach Absprache | 5 Euro*

SINEMOREC

[115 F5] **Der kleine Ort an der Veleka-Mündung (300 Ew.) lag bis zur Wende im militärischen Sperrgebiet.** Viele DDR-Bürger versuchten vor 1989 von Sinemorec aus zu Land oder zu Wasser die Türkei und den Westen zu erreichen. Der durch neue Ferienwohnungen und Hotels schnell wachsende Ort hat drei herrliche Strände, von denen einer bis an die Flussmündung heranreicht und als schmale Nehrung Süß- und Salzwasser trennt. Angler schätzen besonders die reiche Auswahl an Süßwasser- und Meeresfischen. Sehenswert ist die Georgskirche im Zentrum, eine kleine Kapelle im Stil des typischen Strandža-Hau-

Wie ein riesiger Pilz mit Stiel und Kappe: das antike thrakische Kuppelgrab

ses. Infos unter *http://sinemorets-bg.com* oder *www.sinemorec.com*.

■ ESSEN & TRINKEN ■

VILLA PHILADELPHIA

Gute Küche mit viel Fisch im Restaurant der gleichnamigen Ferienanlage zwischen Ort und Strand. *Tel. 0550/661 06 | www.villaphiladelphia.com | €*

■ ÜBERNACHTEN ■

CASA DOMINGO ⚜

Im spanischen Stil gestaltete Anlage mit Pool und tollem Blick aufs Meer. *38 Zi. | 7 Apts. | Veleka 12 | Tel. 0550/660 93 | Fax 660 95 | www.casadomingo.info | €€*

■ FREIZEIT & SPORT ■

WANDERN IM NATURRESERVAT

Gut ausgeschilderte Wander- und Radwege führen durch das an Sinemorec grenzende Naturschutzgebiet. Fragen Sie im Hotel nach dem Fahrradverleih. Fotosafari, Tauchen, Reiten und Segeln werden auch geboten. Geplant sind ferner Yachttouren bis nach Istanbul. *Auskunft in der Casa Domingo*

■ ZIELE IN DER UMGEBUNG ■

CARSKO KLADENČE
(ZARENQUELLE)   [115 F5]

Von der ★ Veleka-Mündung fahren Hotelboote den Fluss aufwärts. Die Reise führt durch das Dickicht der Wälder bis hinauf zur Quelle *Carsko kladenče*. Dort, wo Zar Boris III. gern auf Jagd ging, gibt es ein Picknick, bevor die Passagiere die Rückfahrt antreten. Naturfreunde können in der Umgebung die seltene gelbe Wasserlilie bewundern. Und wer den

Ein Naturerlebnis: Boot mieten und flussaufwärts Urwälder gucken

Blick ins Wasser lenkt, kann mehr als 30 geschützte Fischarten entdecken. Zu Fuß lässt sich die Schönheit der Natur am Flusslauf auch erkunden. *Dauer ca. 3,5 Std. 15 km*

NATURSCHUTZGEBIET SILISTAR   [115 F5]   Insider Tipp

Zwischen Sinemorec und Rezovo erstrecken sich 773 ha Naturreservat. Das ehemalige Sperrgebiet ist ideal zum Wandern und Radfahren. Die Zugvogelstrecke Via Pontica führt über dieses Reservat, das sich wegen der hohen Feuchtigkeit durch reiche biologische Vielfalt auszeichnet. Mit Unterstützung des Fürstentums Monaco wurde der Naturpark gekennzeichnet und auch in Englisch ausge-schildert.

REZOVO ★ [115 F5]

Das gerade mal 64 Ew. zählende Dörfchen liegt an der Mündung des Flusses Resovska, der die Staats-grenze zur Türkei bildet. Wie das 11 km entfernte Sinemorec einst im Sperrgebiet gelegen, hat sich Rezovo eine gewisse Ursprünglichkeit be-wahrt. Etwa 3 km vor der Dorfeinfahrt steht auch heute noch ein Grenzposten am Stacheldraht, der Ihre Personalien notiert. Also den Reisepass unbedingt mitbringen! Es empfiehlt sich, einen Tag zuvor über die Casa Domingo in Sinemorec die Visite anzumelden und Rezovo eventuell organisiert zu besu-chen. Außer der Kaserne gibt es in dem winzigen Dorf einige Villen be-tuchter Sofioter. Im *Restaurant Panorama* schaut man bei gutem Es-sen sehr schön auf die Bucht, die be-reits von türkischen Grenzposten be-wacht wird. Privatquartiere vermittelt das Panorama. *Tel. 0550/670 09 | €*

SLĂNČEV BRJAG (SONNENSTRAND)

[115 E2] Der Sonnenstrand ist so etwas wie das Las Vegas des Ostens. Entlang der Uferpromenade entstehen wie am legendären Strip gewaltige Hotelanlagen, künstliche Seen, Kopien berühmter Architekturdenkmäler, kitschige Piratenschiffe und Schlösser mit unzähligen Türmchen. Über den ästhetischen Aspekt dieser Gigantomanie lässt sich streiten. Doch Slănčev Brjag ist wahrhaftig

ein sonniger Strand: Goldgelbe Dü-nen erstrecken sich entlang der gro-ßen Bucht, begrenzt von grünen Wäl-dern und steilen Gebirgshängen mit märchenhaftem Ausblick auf die wie im Wasser schwimmende Halbinsel Nesebăr. Kaum zu glauben, dass noch bis Ende der 1950er-Jahre das gesamte Gebiet zwischen Kap Emine und Nesebăr unbewohnt war. Sümpfe mit riesigen Mückenwolken be-herrschten die Landschaft. Mehr als 5000 Igel wurden in ganz Bulgarien gefangen und zur Vernichtung der Schlangen eingesetzt. Erst dann be-gannen die Bauarbeiten. Inzwischen ist die frühere Wildnis zum repräsen-tativsten und größten Ferienort der Küste geworden. Bis dato gibt es 160 Hotels, und es werden immer mehr ...

◼ ESSEN & TRINKEN ◼

HANSKA ŠATRA ✧
Das Folklorelokal bietet einen ausgezeichnetem Blick über das Meer und den gesamten Sonnenstrand. *Nördl. des Seebades auf einem Hügel | am besten per Bus oder Taxi | Tel. 0554/228 11 | www.hanska-shatra.com | €€€*

MORSKA ZVEZDA
Buntes Lokal im Zentrum direkt am Strand mit internationaler und bulgarischer Küche. Abends Livemusik. *Tel. 0888/77 21 07 | €*

RAFAELO
Gut besuchtes und preiswertes italienisches Restaurant neben dem Hotel Vitoša. *Tel. 0897/98 62 99 | €*

VARVARI
Bei den „Barbaren" warten Sie vergeblich aufs Besteck, es wird keines serviert. Alles wird hier mit den Fingern gegessen, die Melonen sogar mit einem Schwert geköpft. *Tgl. 20–4 Uhr | an der Straße zwischen Nesebăr und Ravda | Tel. 0888/30 58 95 | €€*

◼ ÜBERNACHTEN ◼

HOTEL BOR
Gemütliches Hotel im Zentrum. Hotelchef Hristo Hristov ist diplomierter Germanist und kümmert sich fürsorglich um das Wohlbefinden der ausschließlich deutschsprachigen Touristen. Schattiger Pool, perfekte Küche. *200 Zi. | Tel. 0554/223 35 | Fax 238 50 | www.borhotel.com | €€€*

Vom Sonnenstrand schweift der Blick übers Meer bis nach Nesebăr. Oder auch nicht

SLĂNČEV BRJAG

HOTEL DUNAV
Renoviertes 3-Sterne-Hotel in günstiger Lage zwischen Strand und Alt-Nesebär. *150 Zi. | 10 Apts. | Tel. 0554/ 221 70 | Fax 255 61 | hotel_dunav @mail.orbitel.bg | €€*

HELENA RESORT
Die beste Anlage der südlichen Küste, bestehend aus dem 5-Sterne-Hotel Helena Sands und dem 4-Sterne-Hotel Helena Park. Im Garten des einem Kloster nachempfundenen Komplexes stehen Kopien der bekannten Adler- und Löwenbrücke in Sofia. *232 Zi. | Helena Sands Tel. 0554/ 200 10, Helena Park Tel. 200 20 | Fax 200 23 | www.helenaresorts.com | €€€*

HOTEL KUBAN ✸
Im Herzen des Sonnenstrands. Von den Zimmern tolle Aussicht aufs Meer und die südliche Küste. *170 Zi. | 33 Apts. | Tel. 0554/223 09 | Fax 223 07 | www.hotel-kuban.com | €€€*

■ AM ABEND

CACAO BEACH ▶▶
Disko am Strand. House und Techno von bulgarischen und internationalen DJs. Tanzfläche ist der Sand. *Tgl. 0–24 Uhr | am alten Fregattenschiff*

DISKO FOLK CLUB LAZUR
Das Lokal rühmt sich als erster bulgarischer Mixclub und gehört zum selben Komplex wie die ebenso angesagte Diskothek Lazur. Die Tanzflächen sind miteinander verbunden. *Tgl. 9–3 Uhr | global_ltd@abv.bg*

ELEPHANT ▶▶
Strandbar im Beduinenzelt direkt zwischen den Dünen. Gespielt wird

Mania: Party-Power dank Čalga

world music, abends verwandelt sich das Lokal in eine Diskothek. *Tgl. 12–20 und 22–8 Uhr*

LIVE CLUB ICEBERG
Inside Tipp

Spezialisiert auf bulgarischen Pop und Rock, aber auch internationale Hits live von der Bühne. *Tgl. 22–4 Uhr | neben dem Hotel Alba | iceberg@disco.bg*

MANIA ▶▶
Die Diskothek ist die Topadresse für Čalga-Musik. Liebhaber und Neugierige kommen garantiert auf ihre

Kosten. Ein zweiter Saal bietet englischen House and Dance. *Tgl. 20–2 Uhr | an der Straße nach Sveti Vlas | www.danceclubmania.com*

■ AUSKUNFT

TOURIST SERVICE
Hotel Globus | Tel./Fax 0554/289 15 | http://sunnybeach-bg.com

■ ZIELE IN DER UMGEBUNG

BANJA   [115 F2]
Das an der E 87 vor Obzor liegende Dorf war einst wegen seiner Heilquellen beliebt und wohlhabend. Seit das Mineralwasser versiegt ist, stehen die meisten Häuser leer. Ein Spaziergang durch das lang gestreckte Banja *(Bad)* lohnt dennoch. Er verschafft einen Eindruck von der Architektur der alten bulgarischen Bauernhäuser und Höfe, die man in den von Urlaubern belagerten Orten nicht mehr sieht. Die ruhige, ja verschlafene Atmosphäre, ist eine angenehme Abwechslung zum Trubel an der Küste. *14 km*

ELENITE   [115 F2]
Die erste All-inclusive-Anlage Bulgariens liegt zwischen dem Meeresufer und den südlichsten Hängen des Balkangebirges runde 5 km vom Sonnenstrand entfernt. Das hübsche Feriendorf mit Bungalows und Hotels ist komplett autofrei und wird besonders von Familien mit Kindern bevorzugt. 224, zumeist zweistöckige Villen im finnisch-nordischen Stil bilden den Kern dieser Anlage. Das Sport- und Freizeitangebot ist reichhaltig und lässt wenig Wünsche offen. *Tel. 0554/688 11 | Fax 684 50 | elenite@infotel.bg*

NOS EMINE (KAP EMINE) ❄   [115 F2] *Insider Tipp*
Am Kap Emine stürzen die Ausläufer des Balkangebirges 60 m tief ins Meer. Der Weg dorthin ist unbeschildert, der Abzweigung nach Irakli folgt nach ca. 2 km eine weitere Abzweigung nach rechts, die über eine äußerst schlechte Straße nach etwa 6 km zum Meer führt. Schon von weitem ist der Leuchtturm auf dem hohen Felsen zu erkennen. Unter dem steilen Gipfel Sveti Ilia (366 m) liegt das 25-Seelen-Dorf Emona, das im Sommer seine Bewohnerzahl mächtig aufstockt. Dann kommen die Intellektuellen, Geschäftsleute und Politiker aus Sofia und ziehen sich zur Sommerfrische hinter die hohen Mauern ihrer Luxusvillen zurück. Die hiesige Radarstation der Marine soll angeblich zum Nato-Stützpunkt ausgebaut werden. Das Kap sei ideal für die zentrale Überwachung des gesamten Schwarzmeerraums. *25 km*

OBZOR   [115 F2]
Obzors (1970 Ew.) phantastische Lage am östlichen Fuß des Balkangebirges, das hier in einer sonnigen Bucht endet, ist von ausländischen Touristen noch weitgehend unentdeckt geblieben. In der Antike hieß der Ort Heliopolis – Sonnenstadt. Ein großes Kinderferienlager mit Freilichttheater und Sportplätzen prägt den Ort *(www.bg-obzor.hit.bg)*. Gut wohnen lässt es sich unmittelbar am Strand im Hotel Helios Beach *(28 Zi. | Tel. 0554/321 15 | Fax 322 65 | hornit-outgoing@evrotur.net | €)*. *35 km*

RAVDA   [115 E3]
In Ravda lagen einst die Schiffswerften des antiken Nesebärs. Der Bade-

ort (1650 Ew.) mit dem schönen Strand liegt am gleichnamigen Kap 5 km vom Sonnenstrand entfernt. Der Tourismusboom der Nachwendezeit hat noch keine großen Veränderungen nach sich gezogen. Nach wie vor tummeln sich hier vor allem bulgarische Urlauber. Die zahlreichen Kinderferienlager und Betriebsferienheime des Sozialismus' sind im Sommer wegen der günstigen Preise immer noch fast restlos belegt.

SVETI VLAS [115 E2]

Sveti Vlas (3000 Ew.) ist die preiswerte Alternative zum Sonnenstrand mit vielen kleinen Hotels und Privatquartieren. Gut situierte Bulgaren und Briten haben sich hier Sommerapartments zugelegt. Auch Deutsche haben hier bereits in Eigentumswohnungen mit Meerblick investiert. Der schöne Badestrand liegt in einer geschützten Bucht nahe dem neuen Yachthafen *(www.venidyacht.com)*. Sveti Vlas und Sonnenstrand sind inzwischen fast zusammengewachsen und leicht zu Fuß oder per Rad zu erkunden *(www.svetivlas. info). 3 km*

SOZOPOL

KARTE AUF SEITE 117 ⭐

[115 E4] **Was die romantische Atmosphäre betrifft, steht Sozopol (4650 Ew.) Nesebãr in nichts nach.** Auch Sozopol liegt auf einer felsigen Halbinsel, auch hier steht der alte Stadtkern unter Denkmalschutz. Gut erhaltene Schwarzmeerküstenhäuser mit ihren hervorragenden Erkern, gepflegte Gärten mit Zypressen und Feigenbäumen sowie umherspazierende

Katzen prägen das Bild. Im Hafen dümpeln malerisch weiß-bunte Fischerboote. Lediglich die kopfsteingepflasterten, engen Gassen Sozopols kosten den Besucher ein wenig mehr Mühe als die Nesebãrs – sie sind steiler.

Sozopol hat von jeher eine besondere Anziehungskraft vor allem auf Studenten, Künstler und Intellektuelle ausgeübt. Das ist bis heute so geblieben. Zum traditionellen Festival der Künste Apollonia jedes Jahr Anfang September trifft sich in dem schönen Städtchen alles, was in der zeitgenössischen bulgarischen Kulturwelt Rang und Namen hat, von der Klassik bis zum Pop. Die Neustadt ist vergleichsweise trist, beherbergt aber jede Menge Urlauber, die sich an Sozopols schönen Stränden oder in der Altstadt tummeln.

■ SEHENSWERTES ■

ARCHEOLOGIČESKEI MUZEJ (ARCHÄOLOGISCHES MUSEUM)

Inside Tipp

Die Sammlung birgt Funde aus der griechischen Ära: hellenische Vasen, ionische Keramiken und Plastiken, Amphoren, antike Anker und eine Werkstatt für Sgraffito-Keramik aus dem 12. Jh. Hier gibt es auch die Schlüssel für viele Kirchen in der Altstadt. *Mo–Sa 8–18 Uhr | Han Krum 3*

HRAM SVETA BOGORODICA (KIRCHE HEILIGE GOTTESMUTTER)

Auch sie liegt halb in der Erde, da unter den Osmanen kein christliches Gotteshaus höher sein durfte als ein türkischer Reiter auf seinem Pferd. Die Kirche des 17. Jhs. birgt wertvolle Ikonen, Holzschnitzereien und Gemälde. *Anaximander 13*

HRAM SVETI ZOSIM
(KAPELLE SVETI ZOSIM)

Schöner kleiner Bau aus dem 19. Jh. im schattigen Garten gegenüber dem Busbahnhof vor der Altstadt.

HUDOŽESTVENA GALERIA
(GEMÄLDEGALERIE)

Zeitgenössische Kunst ist hier ausgestellt, u.a. maritime Motive des Sozopoler Malers Jani Hristopulos. *Di–Sa 10–17 Uhr | Kiril i Metodij 7*

Publikums. *Kiril i Metodij 72 | Tel. 0550/21 40 81 | €€*

TEQUILA BAR

Direkt am Hafen kommt fangfrischer Fisch auf den Tisch. Nach Sonnenuntergang fließt auf dem Bootsrestaurant vorwiegend Tequila. Gleich gegenüber liegt eine weitere gute Kneipe ohne Namen. Sie erkennen sie an den stets gut besetzten Tischen im Freien. Von hier aus lässt sich das

Da werden Maler schwach: Boote im Abendlicht am Strand von Sozopol

■ ESSEN & TRINKEN ■
PRI HUDOŽNIZITE (BEI DEN MALERN)

Sozopoler Muss: Das frühere Restaurant des Verbandes bildender Künstler genießt auch heute noch Kultstatus. Wegen der guten Küche, des Blicks auf das Meer und nicht zuletzt natürlich auch wegen des illustren

interessante Treiben auf dem Fischmarkt ganz gemütlich verfolgen. €

VJATĂRNA MELNICA ☀

Die „Windmühle" bietet bulgarische Kost und Folkloreambiente. Toller Blick aufs Meer und die Insel Sveti Ivan. Abends bulgarische Livemusik.

Insider Tipp

Morski skali 27A | Tel. 0550/228 44 | €€

■ EINKAUFEN ■

GALERIA LASKARIDI

Schönes Kunstgewerbegeschäft in der Altstadt mit maritimen Bildern, Holzschnitzereien, Schmuck, Keramik und Ikonen. *Tgl. 10–22 Uhr | Kiril i Metodij 19*

■ ÜBERNACHTEN ■

CAMPING GRADINA

Dieser Zeltplatz ist wahrhaftig ein Garten (bulg. *gradina*) und mit Abstand der gepflegteste an der ganzen Küste. Wer in der ersten Reihe am Meer campen will, muss bereits im Februar reservieren *(Tel. 02/962 42 15)*. Die Sanitäranlagen sind modernisiert. Es gibt viele Schatten spendende Bäume, einen kilometerlangen Sandstrand und zahlreiche Lokale mit guten Preisen. *Platz für bis zu 400 Zelte und 250 Campingwagen. Südlich von Černomorec |*

Tel. 05514/25 24 | www.russalka-holidays.com | €

VILLA LIST

Nur wenige Meter vom Strand in der Neustadt gelegenes, freundliches Familienhotel mit Pool. *50 Zi | Černo More 5 | Tel. 0550/223 70 | Fax 222 35 | www.hotellist-bg.com | €€*

■ STRÄNDE ■

Zwei feinsandige Strände liegen zwischen der Alt- und Neustadt von Sozopol. Im Süden gibt es einen weiteren breiten Strand, genannt Harmanite. Hier sind Tretboote zu mieten und es lockt eine große Wasserrutsche. Cafés, Bars und kleine Restaurants zu moderaten Preisen direkt am Wasser. Vom Hafen aus starten Ausflüge zu den lokalen Fjorden *(ca. 25 Euro)*.

■ AM ABEND ■

Das Angebot ist groß: Unzählige ▶▶ Beach-Bars gibt es in der Altstadt

❯ VOGELS BOXENSTOPP
Wo gefiederte Freunde auftanken dürfen

Entlang der bulgarischen Schwarzmeerküste verläuft die *Via Pontica*, eine der wichtigsten Zugvögelrouten der Welt. Millionen Vögel nehmen diese „Straße", um vom Norden Europas in den Süden zu gelangen. Auf ihrem Weg in die Winterquartiere haben sie ihre festen Raststätten an der Küste. Eine der wichtigsten liegt rund 11 km nördlich von Černomorez im Naturreservat *Čengene-Skele*. Das Feuchtbiotop bietet den Tieren ideale Rastbedingungen. Der Verein zum Schutz der wilden Vogel-

arten hat im Reservat das Zentrum Poda eingerichtet. Von einer Aussichtsplattform oder aus dem Schilfdickicht heraus lassen sich Nacht- und Purpurreiher, Flussseeschwalben, Rothalstaucher, Stelzenläufer, Wespenbussarde, Grauschnäpper, Kormorane oder die seltenen Krauskopfpelikane hautnah erleben. Zentrum PODA | tgl. 9–17 Uhr | Eintritt 1,30 Euro | www.pomonet.bg/bourgas lakes | www.bspb-poda.de | www.bspb.org

und den Tanztempel *Dance Club Cult* direkt am Strand Harmanite.

FREIZEIT & SPORT

Die Tauchschule Moni Sub bietet Kurse für Anfänger. Der achttägige Lehrgang kostet 150 Euro. *Tel. 0887/ 40 70 27 | www.monisub.com*

turreservat lockt mit reichem Schilf- und Sumpfpflanzenwuchs sowie zahlreichen seltenen Vogelarten. Wenn der Wasserstand im Sommer niedriger ist, teilt sich der Sumpf in zwei Teile und kann ausgezeichnet bewandert werden. Sehenswert sind auch die Fjorde am Kap Agalina in

Bildschön drapiert: Im Künstlermekka Sozopol werden manchmal auch die Maler zum Motiv

AUSKUNFT

INFORMATIONSZENTRUM
Tgl. 9–22 Uhr | Republikanska 1 (Hauptplatz) | Tel. 0550/222 08 | Fax 243 50 | www.sozopol.com

ZIELE IN DER UMGEBUNG

ALEPU NATIONALPARK   [115 E4]
Das Lagunensumpfgebiet Alepu grenzt unmittelbar an das Urlaubsareal Djuni. Das einmalig schöne Na-

nördlicher Richtung, die gleichfalls unter Naturschutz stehen. *6 km*

ČERNOMOREC   [115 E3]
In dem verschlafenen Fischerdorf Černomorec (2050 Ew.) ist der Rummel von Burgas und Sonnenstrand komplett vergessen. Der winzige Hafen und die Kirche Sveti Nikola sind die Sehenswürdigkeiten des ruhigen Ortes. Hier relaxen vor allem Ju-

gendliche und ältere Semester mit kleineren Budgets in den preiswerten Privatquartieren. Lustig sind die gegenüber dem Kap Ativolo versunkenen schwarzen Felsen, die von den Einheimischen *Bivolite* – Büffel – genannt werden, weil sie wie die mächtigen Tiere aussehen. *10 km*

 DUNI ROYAL RESORT [115 E4]

Die neuerdings durch einen riesigen Hotelkomplex ausgebaute Feriensiedlung hat zwar ihren alten Charme verloren, doch die sandige Bucht Alepu ist geblieben. Kern der Anlage ist das 5-Sterne-Haus Marina Royal

Das Gute ist so nah: Karibikflair in Kiten ...

Palace mit 300 Zimmern. Das Sportangebot ist groß: Radtouren, Reiten, Tennis, Katamarane, Kanus und Tretboote. *Tel. 0550/222 60 | Fax 224 95 | www. duni.bg | €€. 6 km*

INSEL SVETI IVAN [115 E3–4]

Nördlich von Sozopol liegt die Insel Heiliger Ivan. Ihr Leuchtturm von 1884 markiert den südlichen Eingang der Bucht von Burgas. Das menschenleere Vogelparadies ist einen Abstecher wert und bietet zudem die Gelegenheit, die Sozopoler Muschelfarm aus der Nähe zu betrachten. Vom Hafen Sozopol aus fahren Segelboote auf die mit 660 ha größte Insel der bulgarischen Schwarzmeerküste. *Preis ca. 8 Euro pro Person/ Stunde. 2 km*

KAVACITE [115 E4]

Der Traumstrand liegt an einer großen sandigen Bucht. Eine noch heute sprudelnde Süßwasserquelle wurde schon im Altertum kommerziell genutzt. Ein Spaziergang in das ausgeschilderte Naturschutzgebiet Sandlilie lohnt auch. Seit 1962 wird in dem Areal die seltene Sandlilie geschützt und gepflegt. *6 km*

KITEN [115 E4]

Das kleine Fischerdorf liegt auf einer von zwei Meeresbuchten begrenzten Halbinsel. Im Altertum lag auf dem Kap die römische Festung Urdovisa, deren Reste noch heute zu sehen sind. Die Wälder des Strandža-Gebirges reichen hier bis an die zwei Sandstrände Atliman und Urdovisa heran. Am Strand von Atliman (Hengstbucht) soll die schöne Bulgarin Stana mitsamt ihrem Pferd vor

Erschöpfung gestorben sein, nachdem ihr der Sultan als Gegenleistung für ihre Hand Steuerfreiheit für ein von ihr innerhalb eines Tages umrittenes Gebiet versprochen hatte. Infos unter *www.galia-online.com*. Den phantastisch zubereiteten Fisch im *Restaurant Smokinja (Urdoviza 20 | zwischen den Stränden | €)* sollten Sie sich keinesfalls entgehen lassen. Das neue, komfortable *Hotel Kontinental* organisiert Ausflüge zum Fluss Ropotamo und bietet Reitmöglichkeiten *(Krajmorska 4 | Tel. 0550/ 361 31, Fax 361 30 | www.continen tal9000.com | €€). 33 km*

PRIMORSKO [115 E4]

Zu sozialistischen Zeiten galt Primorsko (2400 Ew.) als das Ferienparadies des Ostens. Heute wirkt es ein bisschen einfach und altmodisch – gemessen an den neonbeleuchteten Bettenburgen anderer Küstenorte. Nach wie vor halten tschechische Touristen Primorsko die Treue und mieten sich bevorzugt in Hotels einheimischer Betreiber ein. Außerdem zieht der Ort wegen der niedrigen Preise bulgarische Jugendliche an, die inzwischen für ein ansehnliches Nachtleben gesorgt haben. Doch die neuen Zeiten verschonen auch Primorsko nicht: Das frühere Jugendzentrum, in dem vor der Wende Tausende Jugendliche ihre Ferien verbrachten, ist heute privatisiert. Der im schattigen Wald versteckte Komplex wird von den Betreibern des Ferienortes Albena modernisiert und ausgebaut. In unmittelbarer Nähe entstand ein Flughafen für Kleinflugzeuge und Privatjets. Infos unter *www.primorsko-bg.com. 30 km*

... Amazonasfeeling auf dem Ropotamo

ROPOTAMO ⭐ [115 E4]

Das Mündungsdelta des Ropotamo, einst Jagdrevier von Staatschef Todor Živkov, ist heute ein traumhaftes Naturreservat. Bis zu 50 m breit und 4 m tief ist der Ropotamo, bevor er ins Meer mündet. Ein Spaziergang entlang des Ufers oder eine Bootsfahrt sind besondere Erlebnisse. Der dichte Auenwald am Unterlauf des Flusses ähnelt einem pittoresken Urwald: Seltene Schlinggewächse gedeihen neben interessanten Steinformationen („Löwenkopf", „Lustiger Felsen"). Im und am langsam dahinfließenden Wasser leben etliche seltene Tierarten. Die Bootsfahrt führt in der Regel auch zur gegenüber der Mündung im Meer liegenden Schlangeninsel, so genannt wegen der vielen Wasserschlangen, die dort leben. Links und rechts der E 78 gibt es je eine Anlegestelle. *Die ca. 40minütige Bootsführung kostet 3 Euro. Schattiger Parkplatz. 20 km*

> MAGISCHE SÄULEN, DICHTE WÄLDER, URALTE STÄDTE

Kehren Sie dem Meer doch mal den Rücken: Auf Entdeckungstour im kontrastreichen Hinterland der Schwarzmeerküste

Die Touren sind auf dem hinteren Umschlag und im Reiseatlas grün markiert

1 ZU DEN ANFÄNGEN BULGARISCHER GESCHICHTE

Diese Route führt Sie ins Landesinnere und erfasst einige der wichtigsten Sehenswürdigkeiten des alten Bulgariens. Die gesamte Wegstrecke beträgt etwa 250 km und kann gut an zwei Tagen mit Übernachtung zum Beispiel im sehenswerten Šumen bewältigt werden. Die Ziele eignen sich aber auch für einzelne Tagesreisen.

Der Ausflug startet in Varna und führt über die Autobahn E 70 in Richtung Sofia. Nach ca. 20 km ist links die Abzweigung zum 253 ha großen Naturschutzgebiet ★ Pobiti kamáni ausgeschildert, das an dem wüstenartigen Terrain und den darin verstreuten Steinsäulen leicht zu erkennen ist. Die 50 Mio. Jahre alten Gebilde ähneln einem versteinerten Wald, entstanden aber über Jahrtausende durch das Absinken des Meeresspiegels.

Bild: Der „versteinerte Wald" von Pobiti kamáni

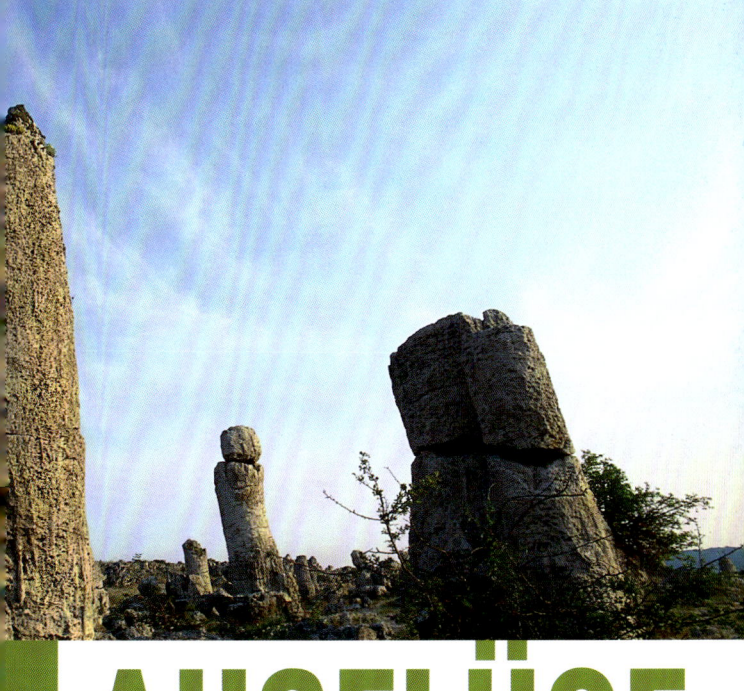

AUSFLÜGE & TOUREN

Zurück auf der Autobahn Richtung Sofia liegt nach ca. 40 km rechts die Abzweigung zur ersten bulgarischen Hauptstadt **Pliska** (681–893). Die Ruinen der alten Stadt umfassen ein Gelände von 23 km^2. Das kleine **Museum** *(Mo–Fr 10–17 Uhr | Eintritt 1,50 Euro | Führung 5 Euro)* zeigt interessante Funde und gibt Einblick in das städtische Leben von einst.

Vom Parkplatz am restaurierten Osttor führt die Straße 1,5 km weiter zur großen *Königskirche aus dem 9. Jh.* Mit ihren 100 m Länge und 30 m Breite gehörte die dreischiffige Basilika einst zu den größten Europas. 865 ging hier unter Fürst Boris die offizielle Bekehrung der Bulgaren zum Christentum vonstatten.

Von Pliska geht es zurück auf die E 70. Auf der linken Seite erscheint bald die Abzweigung nach Kaspičan und dem nächsten archäologischen Reservat ⭐ **Madarski konnik** (Reiter

Insider Tipp

von Madara). Von der Kasse aus *(im Sommer tgl. 8–18 Uhr | Eintritt 1,50 Euro | Führungen auf Deutsch)* haben Sie die Möglichkeit zu einem ca. 2-stündigen Spaziergang bis auf das Plateau, von dem sich ein herrlicher Blick auf die ganze Region samt Pliska eröffnet. Wer nur den Reiter sehen will, holt tief Luft und steigt die 226 Stufen zum unter Unesco-Schutz stehenden Denkmal hinauf. Der Reiter von Madara, direkt in den Felsen geschlagen, ist Europas einziges frühmittelalterliches Monumentalrelief. Beeindruckend ist auch die **Goljama peštera** (Große Höhle) in unmittelbarer Nähe des Reiterbildes. Die Höhle war in der Antike eine thrakische Kultstätte und wird heute als Saal für klassische Konzerte genutzt *(Do/Sa 15 und 19 Uhr | Eintritt 3 Euro | Karten an der Denkmalkasse)*.

Wieder auf der E 70 geht es weiter Richtung Sofia. Nach ca. 20 km folgt links die Abzweigung nach **Preslav**, der zweiten bulgarischen Hauptstadt. Sie liegt etwa 22 km von der Schnellstraße Varna–Sofia entfernt. Nachdem die Byzantiner Pliska zerstört hatten, verlagerte sich das Zentrum nach Preslav, das bis 972 Hauptstadt des Ersten Bulgarischen Reiches war. Das **Archäologische Museum** *(im Sommer tgl. 8–18 Uhr | Eintritt 1,50 Euro | Führung 5 Euro | Videofilm auf Deutsch | www.museum-preslav.com)* zeigt interessante Funde vom 5 km^2 großen Areal. Im streng bewachten Tresor des Museums sind der 1979 geborgene, aus Schmuck bestehende **Goldschatz von Preslav** (10. Jh.) sowie die Keramikikone des Heiligen Theodoros Stratelates zu bewundern.

Insider Tipp

Etwa 20 km nordöstlich von Preslav liegt die historisch ausgesprochen interessante Stadt **Šumen**. Lohnende Ziele sind dort u. a. die **Festung** *(im Sommer tgl. 9–19 Uhr | ca. 3 km westl. der Innenstadt | Eintritt 1,50 Euro)* und die größte Moschee Bulgariens, die **Tombul-Džamia** (1744). Das Hotel Šumen *(90 Zi. | 18 Apts. | Ploštad Oborište | Tel. 054/ 591 41 | Fax 580 09 | www.hotelsh.ro-ni.net | €€€)* und das am Stadtpark liegende einfache Haus *Orbita (16 Zi. | 3 Apts. | Priroden park | Tel. 054/80 02 86 | www.shumen-orbita.com | €€)* sind empfehlenswert. Aber auch wenn Sie nicht übernachten, sollten Sie unbedingt Zeit für den Besuch der Gaststätte der ältesten Bierbrauerei Bulgariens einplanen: *Biraria-Restaurant Šumensko Pivo, an der Auffahrt zur Festung | Tel. 054/85 82 65 | €€*

Insider Tipp

2 NATUR PUR IM GRÖSSTEN NATURSCHUTZGEBIET

Die Seebäder an der südlichen Schwarzmeerküste profitieren vom besonderen Zauber des Strandža-Gebirges, das inzwischen nahezu vollständig zum Reservat erklärt wurde. Da diese Tour durch das Grenzgebiet zur Türkei führt, sollten Sie unbedingt Ihren Reisepass bei sich tragen. Trotz der momentan schlechten Straßenverhältnisse sind die etwa 180 km einschließlich Besichtigungen an einem Tag ganz locker zu schaffen.

Die Tour nimmt ihren Ausgang in Carevo, wo die von Burgas kommende E 87 die Küste verlässt und in südwestlicher Richtung Kurs auf die Grenze zur Türkei nimmt. Schon nach 15 km erscheint die kurze Abzweigung nach **Bălgari**. Das inmitten eines dichten Waldes versteckte Dörfchen ist eines der Zentren des Nestinarstvo – des mystisch-heidnischen Rituals des Feuertanzes mit nackten Füßen auf heißer Glut *(S. 65)*. Auf dem idyllischen Dorfplatz ist gegenüber der *Konstantin- und Elena-Kirche* eine Wasserquelle mit Mosaik zu sehen, auf dem eine Feuertänzerin mit Ikone abgebildet ist.

Nach kurvenreichen 25 km durch dichte Wälder eröffnet sich nahe ❋ **Gramatikovo** eine einzigartige Aussicht auf das Gebiet. In dem aus dem 16. Jh. stammenden Dorf sind schöne alte Strandža-Häuser erhalten. Die E 87 überquert dann den bei Sinemorec mündenden Veleka-Fluss und nähert sich der Grenzstadt **Malko Tarnovo** mit historischem Altstadtkomplex.

Von der E 87 geht es über die Fernstraße 98 nördlich in Richtung Bur-gas. Nach 18 km erscheint rechts die Abzweigung nach *Petrova Niva*. Auf dieser bis heue von jeglicher Zivilisation abgeschiedenen Wiese *(12 km von der Fernstraße)* wurde 1903 der Beschluss für den Aufstand gegen die damals hier noch waltenden Osmanen gefasst. Von der ❋ Anhöhe mit der Kapelle Heilige Petka eröffnet sich eine atemberaubende Aussicht.

Eine verdiente Rast sollten Sie im *Architekturreservat im Dorf Brashlian* einlegen (Abzweigung links ca. 15 km nach Malko Tarnovo). Die liebevoll restaurierten Häuser spiegeln die urige Atmosphäre des Strandža-Gebirges wider. Schmackhaftes aus der Region gibt es im Hotelkomplex *Sărmašik (22 Zi. | Tel. 05952/28 44 | Fax 27 11 | €)*. Mehr Infos und Bilder über das Gebiet unter *www.discover strandja.com*.

Gläubige beim Freitagsgebet in Bulgariens größter Moschee, der Tombul-Džamia, in Šumen

EIN TAG IN VARNA

Action pur und einmalige Erlebnisse.
Gehen Sie auf Tour mit unserem Szene-Scout

BANITSA FOR BREAKFAST

9:00

Blitz-Frühstück in der Altstadt von Varna: Mit dem salzigen Blätterteigkuchen Banitsa und dem frischen Joghurt Kiselo mljako startet der Tag mit einem typisch bulgarischen Snack an einem der vielen Straßenimbisse. Dazu pusht ein türkischer Mokka den Puls nach Balkanart. Bei schlechtem Wetter ist die Lobby des *Capitol* eine nette Frühstücks-Location. **WO?** *Lobby des Hotels Capitol | Petko Karavelov 40 | Tel. 052 68 80 00 | www.capitol.bg*

10:00

PLAYOFF AN DER CROISETTE

Im Meeresgarten von Varna wird gejoggt und ge-
zockt, die Einheimischen bilden u.a. Fußballmann-
schaften und Mitspieler sind stets willkommen! Einfach Turnschuhe an und an der breiten Strandallee, Bulgariens Schwarzmeer-Croisette, eine Runde mitkicken! Absoluter Hotspot für Freizeitsportler ist die Gegend rund´um den Tennisclub. **WO?** *Tennisclub Varna Elite | im Meeresgarten | Tel. 052 65 87 45 | www.varnatennis.com*

HALLO, FLIPPER!

11:00

Verspielt, intelligent, putzig: Im Delphinarium von Varna geht's auf Tuchfühlung mit den Meeressäugern. Aus dem Café, das unterhalb der Wasseroberfläche liegt, kann man die Delphine auch nach der regelmäßigen Show beobachten. Mit ein bisschen Glück darf man sie sogar füttern und streicheln. **WO?** *Festa Dolphinarium | Di-So von 11 bis 15 Uhr | Meeresgarten | Tel. 052 30 21 99 | www.festa.bg*

13:00

LUNCH AUF DEM PIRATENSCHIFF

„Aye, mein Captain!", sagt der Pirat, bevor er das Schiff entert! Die Beute in diesem Fall: fangfrischer Fisch auf dem Piratenschiff *Mister Baba* (Foto). Gebratene Makrele, Safrid genannt, ist an der Küste besonders beliebt und lecker. Dazu schmeckt ein Wein der Schlosskellerei Euxinograd, der aus der unmittelbaren Umgebung stammt. Nicht ohne Grund wurde *Mister Baba* 2006 zum besten Restaurant Bulgariens gekürt! **WO?** *Am Hafen | Tel. 052 61 46 29 | www.mrbaba.net*

24 h

BUNGEE-JUMPING

15:00

Tief durchatmen und allen Mut zusammen nehmen! Erst geht es zu Fuß über die Asparuhovo-Brücke – mit tollem Blick auf das Meer und den See von Varna. Und genau diesen Blick gibt es noch mal aus der Vogelperspektive. Zumindest wer sich traut, die Augen offen zu lassen. Der Besuch bei den Bungee-Springern hat übrigens nur eine logische Konsequenz: Absprung! **WO?** *Club Adrenalin | Parischka Komuna 18 | Tel. 052 60 66 05 | www.bungy.bg*

18:00

SKY THEATRE

Die Sterne zum Greifen nah – täuschend echte astronomische Ausblicke eröffnen sich im Sternensaal. Das Himmelstheater in Varnas Planetarium switcht blitzschnell zwischen Sonnensystem und Sternenhimmel, zeigt den Himmel der verschiedenen Jahreszeiten und verändert den Standort im Flug – vom Äquator bis zum Nordpol. **WO?** *Planetarium Nikolai Kopernik | Meeresgarten | Vassil Drumev 71 | Tel. 052 63 20 08 | Di–So ab 17 Uhr | www.astro-varna.com*

SPECIAL SUNDOWNER

20:30

Oblak heißt der bulgarische Kult-Cocktail – zu Deutsch: Wolke. Der Drink wird aus Pfefferminzlikör, Anisschnaps und Kaffeesahne gemixt und soll aphrodisierend wirken. Ausprobieren! Aber auch ein klassischer Martini lässt die Sonne anregend untergehen! **WO?** *The Martini Bar | Radko Dimitriev 7 | Tel. 052 60 11 72 | www.themartinibar.net*

23:00

PIANOBAR SUCHT SÄNGER!

Pianobars sind beliebt, doch auf eines sollte man sich gefasst machen: Romantische Evergreens spielen und singen in Bulgarien die Gäste. Wer sich traut, ran an die Tasten und ab ans Mikro! **WO?** *Piano Bar Aquarell | Slivniza 22 | Tel. 052 60 60 36 | Piano Bar Horizont | Meeresgarten | Tel. 052 38 91 41*

> SPIEL UND SPASS FÜR ALLE

Wer Extreme liebt, kommt an der Bulgarischen
Schwarzmeerküste auf seine Kosten.
Doch auch auf die sanfte Tour lässt es sich hier aktiv sein

> Bulgaren lieben Sport, und zwar nicht nur
im Fernsehen. Sie sind selbst gern aktiv,
aber in Maßen. Am Wochenende ein Fußball-
spiel mit Freunden, Wandern mit der ganzen
Familie im Gebirge oder einfach Kalorien ab-
schwitzen im Fitnesszentrum.

Entlang der Schwarzmeerküste dre-
hen sich Körperkult und Hobbys natürlich um das Wasser. Die Golfhys-
terie hat hier noch keinen Einzug ge-
halten, und auch in den Yachthäfen
geht es noch ruhig zu.

Bild: Jetskifahrer am Goldstrand

ANGELN

Die meisten Yachtclubs vermieten
Angelzubehör und organisieren
Fischfangtouren aufs Meer. Für das
private Angeln im Landesinneren
wird eine vom Anglerverband *(www.
slrb-bg.com)* ausgestellte Lizenz be-
nötigt. Fischreiche Areale sind der
See *Mandra* bei Burgas, die Felsen
südlich von Sozopol, Alt-Nesebär,
Pomorie, die Flussläufe der Veleka
und Aheloj. Tauchschulen organisie-

SPORT & AKTIVITÄTEN

ren auch Fischfang unter Wasser mit Harpune.

BADEN

Ebbe und Flut haben am Schwarzen Meer kaum Bedeutung. Bei ruhiger See kann man weit hinausschwimmen. An öffentlichen Stränden sorgen Rettungsschwimmer für Sicherheit. Die Fahne am Mast funktioniert nach Ampelprinzip: Die grüne Flagge steht für uneingeschränkten Badespaß, die gelbe verbietet Tretboote, Luftmatratzen und Ballspiele und begrenzt das Schwimmen auf das mit Bojen markierte Gebiet. Rot bedeutet absolutes Badeverbot. Oben ohne gehört inzwischen zum Standard, während FKK nur an ausgewiesenen Stränden üblich ist.

BERGSTEIGEN

An der Küste kann man ganzjährig am Kap Kaliakra klettern. Bergtouren lassen sich in die Berge um Sliven *(ca. 120 km westlich von Burgas)* und in das oberhalb von Sliven liegende **Insider Tipp** Felsenparadies Karandila unternehmen *(www.climbingguidebg.com)*. Auf dem Berg Karandila gibt es eine Herberge mit Restaurant *(Tel. 044/ 622432 | www.karandila-sliven.hit.bg | €)*. Weitere Infos für Kletterer unter *www.verticalworld. net*

ECOTRAILS

Diese Wege sind für geschulte Wanderer und Familien mit Kindern gleichermaßen geeignet. Sie sind gut beschildert und informieren über Landschaft, Flora und Fauna. Empfehlenswert sind die Ecotrails bei Sinemorec im Süden und am Reiterdenkmal von Madara. Weitere Infos: Reiseagentur *Odisseia-In, Tel. 02/ 989 05 38 | www.odysseia-in.com*

EXTREMSPORT

Ob Bungeespringen, Ballonfahrten oder Rafting nach der Schneeschmelze – die Experten sind in Varna beim *Club Adrenalin* zu finden *(Pariška komuna 18 | Tel. 052/ 60 66 05 | www.adrenalin.bg)*. Der Sofioter *Club Extreme (www.clubextreme.org)* ist im Sommer ebenfalls an der Küste aktiv. Sprünge mit dem Gleitschirm bietet das Seebad Albena.

FOLKLORE

Insider Tipp Bulgarische Volkstänze, traditionelle Gesänge und typische Musikinstrumente lehrt Folkloreprofi Belco Stanev in der eigenen All-inclusive-Ferienanlage am Goldstrand. 2 Wochen je 5 Std. Unterricht tgl. kosten 710 Euro. *Tel. 052/69 01 01 | Fax 69 01 93 | belcostanev@gbg.bg*

JEEPSAFARIS

Immer beliebter werden so genannte Off-Road-Ausflüge mit ausrangierten sowjetischen Militärjeeps, auch mit Fahrer. Unterwegs gibt es meist ein Picknick am Lagerfeuer. Empfehlenswert ist die ☼ Jeeptour vom Sonnenstrand ans Kap Emine. *Off Road | im Gebäude der Post am Sonnenstrand | Tel. 0554/22 60 | 40 Euro*

RADFAHREN

Mieträder gibt es in Hotels und bei Verleihern. Die Strecken sind meist eben und für jedermann geeignet. Bei Ausflügen außerhalb der Orte ist Vorsicht geboten, da kaum Radwege existieren und der Verkehr stark ist. Radeln am Durankulak-See oder entlang der Veleka sind wahre Naturerlebnisse. Strandža-Gebirge und Kap Emine sind die besten Terrains für Mountainbiking.

REITEN

Gute Reitställe gibt es in Albena *(hinter dem Busbahnhof | Tel. 0579/ 627 91 | 1 Std. mit Lehrer 10 Euro | Tagesausflug 2 Std. 15 Euro)* und am Sonnenstrand *(an der Straße nach Varna | Tel. 0888/13 19 16 | 1 Std. mit Lehrer 15 Euro | Waldtour 3 Std. 31 Euro)*.

SEGELN

An der Küste gibt es mehrere Yachtclubs, die Törns und z. T. Kurse anbieten. Schulungen: Yachtclub Varna *(Slavejkov 1 | Tel. 052/ 60 21 91 | Fax 63 29 53 | www.port-varna.bg)*: Burgas *(Knjaz Alexander Batenberg | Tel. 056/82 23 02, Fax 84 01 24 | www.yachtclubportbourgas.org)*. Sie können Yachten auch mieten oder an

Ausflügen bis nach Istanbul teilnehmen. Marinas haben Kavarna, Balčik, Goldstrand, Varna, Bjala, Nesebăr, Pomorie, Burgas, Sozopol, Kiten und Carevo. Infos gibt der Bulgarische Seglerverband unter *www.bg-sail.org*.

TAUCHEN

Die beste Tauchschule ist *Harries Diving Center* am Goldstrand *(Tel. 056/88 48 54)*. Tauchkurse gibt es am Sonnenstrand *(Aquadex | Hotel Bisser | Tel. 046/215 24)* und in Russalka *(im All-inclusive-Komplex | Tel. 0570/820 09)*. Besichtigt werden versteinerte Bäume vor Sozopol, der Ankerwald aus bis zu 1000 Jahre alten, an einem Riff gesunkenen Schiffswracks sowie versenkte U-Boote und Frachtschiffe bei Šabla und Kavarna. *7 Tage Tauchkursus inkl. Ausrüstung 250 Euro | www.diving-bg.com | www.bulgariadiving.com | www.angel-divers.com*

WANDERN

Im Prinzip ist die gesamte Küste zum Wandern geeignet: ob direkt am Wasser entlang der langen Sandstrände oder in den nahe gelegenen Wäldern. Die längste Wanderroute Bulgariens führt entlang des Balkangebirges: vom Berg Kom an der bulgarisch-serbischen Grenze im Westen bis zum Kap Emine an der Küste. Bei der 20- bis 25-tägigen Tour werden insgesamt 650 km zurückgelegt. Beste Wanderzeit ist zwischen Juni und Oktober.

WASSERSPORT

Vor allem in Albena, Goldstrand und Sonnenstrand bleibt wasserspaßmäßig kaum ein Wunsch offen: Windsurfen, Wasserski, Bananaboat, Wasserfall-

Was Neues wagen? Das Surf-Einmaleins lernen Sie an jedem großen Strand

schirm, Tretboot, Jetski, Ruderboote oder Kajak – alles wird direkt am Strand angeboten, die entsprechende Ausstattung vor Ort vermietet. Ein Preisvergleich der Anbieter lohnt: Von Strand zu Strand sind die Unterschiede zum Teil erheblich.

> # SCHLARAFFENLAND FÜR KLEINE

Die Kinderliebe der Bulgaren ist sprichwörtlich: Kein Koch würde es wagen, den Sonderwunsch eines kleinen Gastes abzulehnen

> **Nicht nur der TV-Sandmann kommt in Bulgarien erst um 20 Uhr. Die Kleinen sind mit ihren Eltern bis spätabends unterwegs und versetzen damit nicht selten westeuropäische Urlauber in Verwunderung.**
Für Bulgaren ist das völlig normal und so genießen Kinder auch beim Personal stets besondere Aufmerksamkeit. In Restaurants gibt es zwar selten Kindermenüs, doch kein Koch würde es wagen, den Sonderwunsch eines kleinen Gastes abzulehnen.

Die breiten Sandstrände und der flach abfallende Meeresgrund an der bulgarischen Schwarzmeerküste sind ideal für Kinderspiele und für die Eltern von Nicht- oder angehenden Schwimmern die Voraussetzung für stressfreie Ferien. In fast jedem Hotel gibt es Kinderclubs mit reichhaltigem Animationsprogramm, etwa Reisen zu Robinson, Angeln mit dem Fischerboot oder Action auf dem Piratenschiff. Aber auch außerhalb der

> *www.marcopolo.de/bulgarien-meer*

MIT KINDERN REISEN

Kinderclubs gibt es für junge Reisende manches zu entdecken.

BIMMELBAHN
Eine seit der Pionierzeit des Tourismus' an der Küste bei Jung und Alt beliebte Attraktion ist die kleine Bimmelbahn in den Seebädern. Das Gefährt besteht aus einer kleinen Lok mit mehreren offenen Wagen. In der Regel bewegt sie sich von einem zum anderen Ende des jeweiligen Urlaubsorts. Vor allem bei Stippvisiten ist es empfehlenswert, mit der Minibahn das Terrain zu erkunden, denn das ist auch für die Kids immer recht spannend. Neuerdings fährt eine Bimmelbahn auch um die Altstadt von Nesebär.

KINO
Der Besuch eines bulgarischen Kinos kann kurzweilig sein. Ein *Harry Potter* im Original mit bulgarischen

Untertiteln ist ausgesprochen lustig. Auch die in der Regel synchronisierten Zeichentrickfilme begeistern, wenn der bekannte Held plötzlich in einer fremden Sprache spricht. Die größten Kinos gibt es in Varna und Burgas. In kleineren Orten gibt es im Sommer oft Wanderkinos im Freien. Einzelheiten erfahren Sie im Hotel.

PUPPENTHEATER [U D4]

Das Puppentheater amüsiert mit Marionetten, die in der Regel international bekannte Märchen in Szene setzen. In Varna gibt es <mark>das beste Puppentheater Bulgariens.</mark> Die Stücke sind auch ohne Dolmetscher zu verstehen. Das Gebäude beherbergt auch das einzige Puppenmuseum auf der Balkanhalbinsel. *Dragoman 4 | Tel. 052/ 60 78 41 | Museum Mo–Fr 10–17 Uhr | Eintritt 1 Euro | Theater Eintritt 0,50 Euro für Kinder | 1 Euro für Erwachsene*

<mark>Insider Tipp</mark>

RADELN, ROLLEN, SKATEN

Für ältere Kinder gibt es außer Mountainbikes und Sporträdern kleine, batteriebetriebene Elektroroller, für die keine Fahrerlaubnis nötig ist *(Mietpreise pro Std.: Fahrrad 2,50 Euro | Velorikscha 4 Euro | kleiner Elektroroller 6 Euro | großer Roller 7,50 Euro)*. Auf den gut asphaltierten und fast autofreien Straßen der Kurorte ist natürlich auch *Inlineskating* ein Vergnügen. Skates bringt man mit oder kauft sie vor Ort *(ab 15 Euro)*. Skateboard-Anlagen gibt es auf fast jedem größeren Spielplatz in den Städten.

SPASS AM STRAND

Am Strand lassen sich tolle Brunnen graben – je weiter vom Meeresufer er gebaut wird, desto tiefer muss gegraben werden, bis das Wasser durch den Grund sickert. Am Wellensaum liegen immer interessante und verschiedene Muscheln zum Sammeln. Für Ball- und Wasserspiele sind stets genügend Gleichgesinnte vorhanden, sodass sich schnell multikulturelle Gruppen bilden. Große, mehrspurige Wasserrutschen mit Tunnels sowie riesige aufblasbare Burgen, die als Trampolins dienen, locken inzwischen in jedem Ferienort direkt am Meer.

TIERE

Tierparks in der Region entsprechen leider noch nicht westeuropäischen Standards, obwohl im Zuge des EU-Beitritts Verbesserungen anvisiert sind. So steht das von der Weinkelle-

Nimm' die Oma an die Hand und dann nichts wie ab ins Meer

rei Festa aus Pomorie privatisierte Delphinarium in Varna [0] kurz vor der Renovierung. Dreimal täglich zeigen die intelligenten Tiere in einer 40-minütigen Show im Norden des Meeresparks ihre Kunststücke. Wer die Vorstellung verpasst hat, kann vom Café aus die Delphine durch ein riesiges Schaufenster beobachten. *Di–So | Vorstellungen um 11 | 14 und 15.30 Uhr | Eintritt 10 Euro | Primorski Park | Tel. 052/30 21 99*

Ebenfalls im Meerespark liegt in einem efeuumrankten Jugendstilbau das Aquarium [U E5]. Obwohl wegen Geldmangels einige Becken leer stehen, sind dennoch imposante und bunte Fische zu bewundern. Vor allem die Bewohner des Schwarzen Meeres werden präsentiert. *Tgl. 9–17 Uhr | Eintritt 1 Euro | Kinder 0,50 Euro | Boulevard Primorski 4*

Der einzige Zoo der Küste liegt ebenfalls im Meeresgarten, doch er ist klein und recht verwahrlost. Da ist der privat betriebene *Exotic Zoo* im Botanischen Garten von Balčik spannender. Das Terrarium zeigt giftgrüne Salamander, Schmetterlinge, Schlangen und Schildkröten der Küstenregion. *Tgl. 9–23 Uhr | Eintritt 0,60 Euro*

Ausritte auf dem Rücken eines Ponys oder Esels stehen bei Kindern hoch im Kurs. In jedem Seebad gibt es entsprechende Angebote.

WASSERPARKS

Absolute Highlights bei den Kindern sind die gigantischen Wasserparks am Gold- und Sonnenstrand mit Attraktionen für jedes Alter: verschiedene Schwimmbecken, Hochgeschwindigkeitsrutschen, Kindergarten für die ganz Kleinen, Tauchschule für die etwas Älteren. Der Aquapark am Sonnenstrand liegt nördlich hinter den Hotels an der Straße nach Sveti Vlas. *Tgl. 10–19 Uhr | Eintritt: bis 90 cm Größe frei | bis 130 cm 7 Euro | über 130 cm und Erwachsene 13 Euro | www.aquapark.bg*

Flippers Verwandte zeigen in Varnas Delphinarium ihre Kunststücke

Am Goldstrand nennt sich die Megaanlage mit Schwarzem Wasserloch und Kamikazerutsche *Aquapolis*. Im separaten Kinderareal tummelt sich ein riesiger Drache mitten im Wasser. Der Komplex liegt auf der Anhöhe hinter der Straße nach Varna. Die Haltestellen der Shuttlebusse vor den größeren Hotels sind ausgeschildert, auch von Riviera und Albena bestehen direkte Verbindungen. *Mai und Sept. tgl. 10–18 | Juni–August 10–19 Uhr | Eintritt: bis 90 cm Größe frei | bis 120 cm 4 Euro | über 120 cm 12 Euro | www.aquapolis.net*

> VON ANREISE BIS ZOLL

Urlaub von Anfang bis Ende: die wichtigsten Adressen und Informationen für Ihre Reise an die Schwarzmeerküste

ANREISE

Günstigste Anreise ist per Charterflug nach Burgas oder Varna (z.B. von Stuttgart oder Erfurt ab 89 Euro). Vor allem in der Sommersaison fliegen *Condor, LTU* sowie die bulgarischen Airlines *Air Via* und *Bulgarian Air Charter* beide Ferienmetropolen an.

Die Reise mit der Bahn oder mit dem Auto ist lang und strapaziös. Auch wenn die Autodiebstähle weit zurückgegangen sind, ist es noch nicht zu empfehlen, mit dem eigenen Wagen durch Bulgarien zu fahren, ausländische Kennzeichen verlocken nach wie vor. Als Alternative gibt es vor Ort ein großes Mietwagenangebot.

Preiswert sind die Busverbindungen zwischen Bulgarien und den deutschsprachigen Ländern (ca. 100 Euro für die einfache Fahrt). Wollen Sie von Sofia aus an die Küste fahren, nutzen Sie das Busterminal am Hauptbahnhof. Fast im Minutentakt fahren klimatisierte Busse an alle wichtigen Urlaubsorte. Im Sommer ist es ratsam, Busfahrkarten einige Tage vor der Abreise zu kaufen.

AUSKUNFT

BULGARISCHES FREMDENVERKEHRSAMT
Eckenheimer Landstraße 101 | 60318 Frankfurt am Main | Tel. 069/ 29 52 84 | Fax 29 52 86 | www.bulga riatravel.org

> WWW.MARCOPOLO.DE

Ihr Reise- und Freizeitportal im Internet!

> Aktuelle multimediale Informationen, Insider-Tipps und Angebote zu Zielen weltweit ... und für Ihre Stadt zu Hause!

> Interaktive Karten mit eingezeichneten Sehenswürdigkeiten, Hotels, Restaurants etc.

> Inspirierende Bilder, Videos, Reportagen

> Kostenloser 14-täglicher MARCO POLO Podcast: Hören Sie sich in ferne Länder und quirlige Metropolen!

> Gewinnspiele mit attraktiven Preisen

> Bewertungen, Tipps und Beiträge von Reisenden in der lebhaften MARCO POLO Community: *Jetzt mitmachen und kostenlos registrieren!*

> Praktische Services wie Routenplaner, Währungsrechner etc.

Abonnieren Sie den kostenlosen MARCO POLO Newsletter ... wir informieren Sie 14-täglich über Neuigkeiten auf marcopolo.de!

Reinklicken und wegträumen! *www.marcopolo.de*

PRAKTISCHE HINWEISE

BULGARISCHE BOTSCHAFT BERLIN
WIRTSCHAFTSVERTRETUNG
Mauerstraße 11 | 10117 Berlin | Tel.
030/201 09 22 | Fax 208 68 38 |
www.botschaft-bulgarien.de

BULGARISCHE BOTSCHAFT BERN
WIRTSCHAFTSVERTRETUNG
Bernastrasse 2–4 | 3005 Bern | Tel.
031/351 14 55 | Fax 351 00 64 |
www.bulembassy.ch

BULGARISCHE BOTSCHAFT WIEN
WIRTSCHAFTSVERTRETUNG
Rechte Wienzeile 13 | 1040 Wien | Tel.
01/585 47 16 | Fax 585 47 20 |
stiv_vienna@aon.at

AUTO

Sowohl für den eigenen als auch für
den Mietwagen genügt der nationale
Führerschein. Kommen Sie mit dem
eigenen Auto, bedenken Sie, dass für
einige nicht EU-Länder, die Sie pas-
sieren könnten, die grüne Versiche-
rungskarte obligatorisch ist. Bei Un-
fall oder Diebstahl unbedingt die Polizei rufen *(Tel. 166 oder 02/*
865 50 60), denn die Versicherung
besteht auf dem Protokoll. Ge-
schwindigkeitsbegrenzungen: Autobahn 120 km/h, Landstraße 90 km/h,
in Ortschaften 50 km/h; für PKW mit
Hänger sowie Motorräder 100/80/50
km/h. Handys ohne Freisprechanlage
sind verboten. *Pannenhilfe* des Bulgarischen Automobilclubs *(www.*
uab.bg) Tel. 146 oder *02/911 46.*

BANKEN & GELD

Die Zahl der Bankautomaten steigt
ständig. Sie bieten erfahrungsgemäß
den besten Wechselkurs. Pro Tag
können max. 400 Leva (2800 Leva
pro Woche) abgehoben werden. Bar-
geld sollte sicherheitshalber in Ban-

WAS KOSTET WIE VIEL?

MUSEUM	**1,60 EURO**	für Erwachsene, Kinder die Hälfte
SALAT	**0,80–2,50 EURO**	für eine Portion
KAFFEE	**25–90 CENT**	für einen Espresso
IMBISS	**50–70 CENT**	für eine Baniza
BIER	**0,70–1,80 EURO**	für 0,5 l vom Fass
BUSTICKET	**35 CENT**	für die einfache Fahrt

ken oder im Hotel getauscht werden.
Gängige Kreditkarten sind in Luxushotels und bei Mietwagenfirmen
willkommen, sonst aber ist die Ak-
zeptanz deutlich geringer als in Westeuropa.

CAMPING

Die Zahl der Campingplätze ist zwar
beachtlich, der Zustand der Sanitär-
anlagen aber meist bedauerlich. Viele

Zeltplätze bieten auch Bungalows an. Am besten vorm Einchecken Bad und WC inspizieren.

DIPLOMATISCHE VERTRETUNGEN

DEUTSCHE BOTSCHAFT IN SOFIA
F. J. Curie 25 | 1113 Sofia | Tel. 02/ 91 83 80 | Fax 963 16 58 | www.so fia.diplo.de

WÄHRUNGSRECHNER

€	LEVA	LEVA	€
1	1,95	1	0,51
2	3,90	2	1,03
3	5,84	3	1,54
4	7,79	4	2,05
5	9,74	5	2,57
6	11,69	7	3,59
7	13,64	12	6,16
8	15,58	25	12,83
9	17,53	100	51,33

DEUTSCHES HONORARKONSULAT IN VARNA
Dragoman 1 | 9000 Varna | Tel. 052/ 69 36 93 | Fax 60 19 30 | nedyalko. nedelchev@cargoexpress.bg

ÖSTERREICHISCHE BOTSCHAFT IN SOFIA
Šipka 4 | 1000 Sofia | Tel. 02/ 932 90 32 | Fax 981 05 67 | sofia-ob@bmaa.gv.at

SCHWEIZER BOTSCHAFT IN SOFIA
Šipka 33 | 1504 Sofia | Tel. 02/ 942 01 00 | Fax 02/946 16 22 | vertre tung@sof.rep.admin.ch | www.eda. admin.ch/eda/de/home/reps/eur/vbgr /embsof.html

EINREISE

Zur Einreise nach Bulgarien reicht ein gültiger Personalausweis oder Reisepass. Auch Kinder unter 16 Jahren brauchen einen Kinderausweis mit Lichtbild oder Reisepass. Alle Ausweise sollten mindestens für die geplante Reisedauer gültig sein.

FKK

Oben ohne ist seit der Wende völlig normal. FKK wird nur an den ausgewiesenen Stränden gepflegt. Sie liegen meist abgeschieden und haben keinen Rettungsschwimmer. Beliebte FKK-Strände gibt es bei Kavacite, Smokini, Veselie und Nestinarka im Süden, Irakli, Kamčija, Varna und südlich von Albena im Norden.

FOTOGRAFIEREN

Verboten ist das Fotografieren an Militäreinrichtungen z. B. in Rezovo, an der Grenze zur Türkei. In Kirchen und Museen sollte vorher gefragt werden. Filme, Batterien und Zubehör entsprechen westlichen Standards und sind oft preiswerter. Bei Filmen auf das Verfallsdatum achten.

GESUNDHEIT

Bei Gesundheitsproblemen die Hotelrezeption kontaktieren. Die medizinische Notruf reagiert landesweit unter *Tel. 150*. Die medizinische Versorgung ist flächendeckend gut, nur in den Krankenhäusern ist der technische Standard nicht so hoch wie in Westeuropa. Die Apotheken führen fast alle gängigen westlichen Medikamente. Seit dem EU-Beitritt werden Versicherte der Mitgliedsländer gegen Vorlage der Europäischen Krankenversicherungskarte medizinisch behandelt. Bei Bedarf wenden Sie sich an einen Vertragsarzt der Bulgarischen Nationalen Kranken-

Urlaub total: Snacks „frei Badelaken"

versicherungskasse. Die Adressen hat Ihre Krankenkasse oder Reiseleitung. Für jede Untersuchung ist eine Eigenbeteiligung von ca. 1 Euro fällig. Der Abschluss einer privaten Auslandsreisekrankenversicherung ist grundsätzlich empfehlenswert.

INTERNET

Der Cyberspace wird auch für Bulgarien immer wichtiger. Viele bulgarische Websites gibt's auch in Englisch, seltener in Deutsch. Beliebte Informationsportale sind *www.dir.bg* | *www.bol.bg* | *www.novinite.com* oder *www.gbg.bg*. Ausschließlich touristische Websites sind *www.travel.bg* | *www.bulgaria travel .bg* und *www.hotelbg.com*. W-Lan ist wenig verbreitet, wird aber in Hotels und Restaraunts allmählich eingeführt, ist in der Regel aber kostenpflichtig.

INTERNETCAFÉS

Die meisten größeren Hotels haben eigene E-Mail-Points. In fast jeder Ortschaft gibt es mindestens ein Internetcafé. In den Kurorten kostet die Stunde ca. 2–3 Euro, in den Ortschaften weniger. Die Tastaturen sind kombiniert für Englisch und Bulgarisch.

KLIMA & REISEZEIT

Der Run auf die Bulgarische Schwarzmeerküste erfolgt von Anfang Juni bis Mitte September. Dann haben auch die meisten bulgarischen Schüler Ferien. Außerhalb dieser Saison geht es ruhig zu, viele Hotels und Lokale schließen. Bitte beachten Sie, dass es im Juli und August ausgesprochen heiß wird. Helle Haut wird da schnell zum Opfer der Sonne.

MEDIEN

Alle Hotels verfügen über Satelliten-TVempfangen die gängigen deutschsprachigen Programme. Europäische Presse kommt meist am Tag darauf in die Kioske. Die Bild-Zeitung wird in Varna für die Region gedruckt und erscheint zeitgleich wie in Deutschland.

MIETWAGEN

Das Angebot an der Küste lässt wenig zu wünschen übrig, von internationalen Anbietern bis zu lokalen Minifirmen. Bulgarische Anbieter haben deutlich günstigere Preise, aber oft auf Kosten der Wagenqualität. Am besten das Angebot vorher gut prüfen (*www.global-bg.com* | *www. touristservice.com*). Die Tagesmiete plus Kilometergeld liegt bei 20 bis 30 Euro. Der Liter Benzin kostet ca. 1 Euro.

NOTRUF

Feuerwehr *Tel. 160*, Notarzt *Tel. 150*, Polizei *Tel. 166*

ÖFFENTLICHE VERKEHRSMITTEL

Das Busnetz an der bulgarischen Küste ist gut ausgebaut. In den Hotels finden Sie Informationen zu den aktuellen Fahrplänen und Reisezielen. Die Fahrkarte wird zumeist beim Fahrer gelöst. Für den Nahverkehr werden Tickets aber auch an Sonderschaltern oder Zeitungskiosken verkauft. Von den Bahnhöfen Varna und Burgas fahren im Fernverkehr Züge regelmäßig ins Landesinnere.

ÖFFNUNGSZEITEN

Banken und Behörden arbeiten in der Regel zwischen 9 und 17 Uhr, Museen Di bis So von 10 bis 17 Uhr. Im Winter gelten kürzere Arbeitszeiten. Restaurants haben im Sommer keinen Ruhetag, geöffnet ist meist ab vormittags durchgehend bis nach Mitternacht. Nach der Saison schließt die Mehrheit der Lokale und

Hotels. Start und Ende der Saison bestimmt das Wetter, meist dauert sie von Ende Mai bis Anfang Oktober.

POST

Postämter haben üblicherweise Mo bis Fr von 8 bis 18 und Sa von 8 bis 13 Uhr geöffnet. Briefmarken für eine Karte nach Westeuropa kosten etwa 50 Cent.

PREISE & WÄHRUNG

Die bulgarische Währungseinheit ist der Lev (plural Leva). Er ist mit einem festen Wechselkurs an den Euro gebunden. Ein Euro entspricht laut Bulgarischer Nationalbank 1,95583 Leva. Geringe Tagesabweichungen je nach Tauschgebühren sind möglich. Die Kaufkraft der Bulgaren ist weitaus niedriger als die der Westeuropäer. In den Touristenorten sind die Preise natürlich angehoben, aber dennoch für ausländische Urlauber attraktiv.

WETTER IN VARNA

Jan.	Feb.	März	April	Mai	Juni	Juli	Aug.	Sept.	Okt.	Nov.	Dez.
4	6	10	15	21	26	29	29	24	20	13	7
Tagestemperaturen in °C											
−2	−2	2	7	12	16	18	17	14	10	6	0
Nachttemperaturen in °C											
3	3	4	6	8	10	11	11	8	5	3	3
Sonnenschein Std./Tag											
6	5	5	5	7	8	6	3	4	5	6	7
Niederschlag Tage/Monat											
6	6	7	10	15	19	22	23	21	17	13	9
Wassertemperaturen in °C											

PRAKTISCHE HINWEISE

STROM

Für das ganze Land gelten 220 Volt/50 Hertz Wechselstrom mit normalen Steckdosen. Wenn Sie abweichende Elektrogeräte mitbringen, den Adapter einpacken.

TAXI

Das Taxameter ist Pflicht, neuerdings auch Kassenbon. Fragen Sie vorher nach dem ungefähren Preis – im Hotel oder beim Fahrer. Geht der Taxameter nicht oder läuft er verdächtig schnell, steigen Sie aus. Trotz staatlicher Kontrollen fahren immer noch Schwarztaxen mit überteuerten Preisen. Für kürzere Entfernungen oder mit mehreren lohnt es sich durchaus, das Taxi anstelle des Busses zu nehmen, denn der Kilometerpreis liegt bei 25–50 Cent. Bei größeren Entfernungen können Sie mit dem Taxifahrer verhandeln, denn zwischen Bus und Taxi besteht ernste Konkurrenz.

TELEFON & HANDY

Roaming, also die Nutzung des Handys im Ausland, kann teuer werden – muss es aber nicht! Ihr Handy bucht sich im Ausland automatisch in ein verfügbares Netz ein. Die Mobilfunkbetreiber *M-tel, Vivatel* und *Globul* decken inzwischen die ganze Küste ab. Informieren Sie sich bei Ihrem Anbieter über die aktuellen Kosten. Über den Menüpunkt „Netzwahl" können Sie manuell zu günstigeren Betreibern wechseln. Vor Ort können Sie auch problemlos eine *Pre-Paid-Card* kaufen. Am günstigsten ist das Versenden von SMS. Riesige Kosten verursacht die Mailbox: Abschalten, bevor Sie Ihr Heimatland verlassen!

Die international üblichen Vorwahlen gelten auch in Bulgarien: *0049* für Deutschland, *0043* nach Österreich und *0041* in die Schweiz. Bei Kartentelefonen gib es zwei Betreiber (*Bulfon* und *Mobikom*) und damit zwei untereinander nicht kompatible Karten, die an Zeitungskiosken, im Hotel oder in Lebensmittelläden zu kaufen sind. Die internationale Vorwahl für Bulgarien ist *00359*.

TRINKGELD

Bulgarisches Servicepersonal in Hotels und Restaurants bekommt in der Regel nur ein minimales Gehalt, denn der Erhalt von Trinkgeld wird von den Arbeitgebern vorausgesetzt. Daran sollten Sie denken. Zwischen fünf und zehn Prozent des Rechnungsbetrages sind üblich. Und es gilt: Je höher die Rechnung, desto geringer der Prozentsatz des Trinkgeldes.

ZEIT

In Bulgarien gilt die Osteuropäische Zeit, die Mitteleuropa um eine Stunde voraus ist. Die Umstellung auf Sommerzeit im März sowie die Rückstellung im Oktober erfolgt wie in ganz Europa.

ZOLL

Innerhalb der EU dürfen Waren des persönlichen Gebrauchs frei ein- und ausgeführt werden dürfen, u. a. bis zu 800 Zigaretten, 10 l Spirituosen und 90 l Wein. Einige EU-Staaten wie Deutschland haben eine Mengenbeschränkung in Höhe von 200 Zigaretten bei der Wiedereinreise aus Bulgarien bis zum 31. Dezember 2009 eingeführt. Für Schweizer Bürger gelten grundsätzlich geringere Mengen.

> Говориш ли български?

„Sprichst du Bulgarisch?" Dieser Sprachführer hilft Ihnen, die wichtigsten Wörter und Sätze auf Bulgarisch zu sagen

Aussprache

Zur Erleichterung der Aussprache sind alle bulgarischen Wörter mit einer einfachen Aussprache (in der mittleren Spalte) versehen.

Sehr wichtig ist, dass bei mehrsilbigen Wörtern die richtige Betonung eingehalten wird. Die betonte Silbe ist in der Aussprache durch ein Akzentzeichen (z. B. é) gekennzeichnet.

Weitere Besonderheit: zh wird wie „j" in „Journal" gesprochen.

■ AUF EINEN BLICK

Ja./Nein.	da./ne.	Да./Не.
Vielleicht.	mózhe bi.	Може би.
Bitte.	mólja.	Моля.
Danke.	blagodarjá/mersí.	Благодаря./Мерси.
Vielen Dank!	mnógo wi blagodarjá!	Много ви благодаря!
Gern geschehen.	niáma sa kakwó.	Няма за какво.
Entschuldigung!	iswinéte!	Извинете!
Wie bitte?	mólja?	Моля?
Ich verstehe Sie/dich nicht.	ne wi/te rasbíram.	Не ви/те разбирам.
Können Sie mir bitte helfen?	mózhete li da mi pomógnete?	Можете ли да ми помогнете?
gut/schlecht	dobré/lóscho	добре/лошо
Ich möchte …	ískam da …	Искам да …
Das gefällt mir (nicht).	towá (ne) mi charésswa.	Това (не) ми харесва.
Wie viel kostet es?	kólko strúwa towá?	Колко струва това?
Wie viel Uhr ist es?	kólko e tschassát?	Колко е часът?
Wo ist die Toilette?	kadé e toalétnata?	Къде е тоалетната?

■ KENNENLERNEN

Guten Morgen!	dobró útro!	Добро утро!
Guten Tag!	dobár den!	Добър ден!
Guten Abend!	dobár wétscher!	Добър вечер!
Hallo! Grüß dich!	sdrawéj! sdrásti!	Здравей! Здрасти!
Ich heiße …	as se káswam …	Аз се казвам …
Wie heißen Sie/ heißt du?	kak se káswate/ káswasch?	Как се казвате/ казваш?
Wie geht es Ihnen/dir?	kak ste/si?	Как сте/си?
Danke, gut. Und Ihnen/dir?	blagodarjá, dobré sam, a wíe/ti?	Благодаря, добре съм, а вие/ти?

SPRACHFÜHRER BULGARISCH

Auf Wiedersehen!	dowízhdane!	Довиждане!
Tschüss!	tscháo!	Чао!
Bis bald/morgen!	do sskóro/útre!	До скоро/утре!

◼ UNTERWEGS

links/rechts	naljáwo/nadjássno	наляво/надясно
geradeaus	napráwo	направо
nah/weit	blíso/dalétsche	близо/далече
Ist es weit?	dalétsche li e towá?	Далече ли е това?
Bitte, wo ist …	mólja, kadé e …	Моля, къде е …?
… der Hauptbahnhof?	… zentrálnata gára?	централната гара
… der Busbahnhof?	… aftogárata?	автогарата
… der Flughafen?	… aerogárata?	аерогарата
Ich möchte ein Auto mieten.	ískam da ssi naéma léka kolá.	Искам да си наема лека кола.
Ich habe eine Panne.	ímam powréda.	Имам повреда.
Würden Sie mir bitte einen Abschleppwagen schicken?	bíchte li mi prátili awaríen aftomobíl?	Бихте ли ми пратили авариен автомобил?
Wo ist hier in der Nähe eine Werkstatt?	íma li túka nablíso aftosserwís?	Има ли тука наблизо автосервиз?
Wo ist die nächste Tankstelle?	kadé e náj-blískata bensinostánzia?	Къде е най-близката бензиностанция?
Bitte … Liter …	akó obítschate, … lítra …	Ако обичате, … литра …
… Benzin mit 96 Oktan (Super).	… bensín dewedessét i schest.	… бензин деветдесет и шест.
… Benzin mit 93 Oktan (Normal).	… bensín dewedessét i tri.	… бензин деветдесет и три.
… bleifrei.	… besolówen.	безоловен.
… Diesel.	… díselowo goríwo.	дизелово гориво.
Voll tanken, bitte.	napalnéte do góre, mólja.	Напълнете до горе, моля.
Hilfe!/Achtung!	pómoscht!/wnimánie!	Помощ!/Внимание!
Rufen Sie bitte …	mólja, powíkajte …	Моля, повикайте …
… einen Krankenwagen.	… bársa pómoscht.	… бърза помощ.
… die Polizei.	… polízijata.	… полицията.
… die Feuerwehr.	… pozhárnata	… пожарната
Es war meine/ Ihre Schuld.	towá bésche mója/ wáscha gréschka.	Това беше моя/ ваша грешка.

Geben Sie mir bitte	mólja, dájte	Моля, дайте
Ihren Namen und	mi ímeto i	ми името и
Ihre Anschrift.	adréssa si.	адреса си.

▪ ESSEN/UNTERHALTUNG

Wo gibt es hier	kadé íma	Къде има
ein gutes Restaurant?	dobár restoránt?	добър ресторант?
Gibt es hier eine	íma li nablíso njákakwa	Има ли наблизо
gemütliche Kneipe?	prijátna krátschma?	някаква
		приятна кръчма?
Zum Wohl!	nasdráwe!	Наздраве!
Bezahlen, bitte.	mólja sa smétkata.	Моля за сметката.

▪ EINKAUFEN

Wo finde ich …?	kadé móga da namérja …?	Къде мога да
		намеря…?
Apotheke	aptéka	аптека
Bäckerei	chlebárniza	хлебарница
Fotoartikel	magasín sa	магазин за
	fotográfski stóki	фотографски стоки
Lebensmittelgeschäft	magasín sa	магазин за
	chranítelni stóki	хранителни стоки
Markt	pasár	пазар

Das bulgarische Alphabet und Transkription

Bulgarischer Buchstabe		Trans-kription	Bulgarischer Buchstabe		Trans-kription
А	а	a	П	п	p
Б	б	b	Р	р	r
В	в	v	С	с	s
Г	г	g	Т	т	t
Д	д	d	У	у	u
Е	е	e	Ф	ф	f
Ж	ж	ž	Х	х	ch (oder h)
З	з	z	Ц	ц	c
И	и	i	Ч	ч	č
Й	й	j	Ш	ш	š
К	к	k	Щ	щ	št
Л	л	l	Ъ	ъ	â
М	м	m	Ь	ь	jo (nur mit o)
Н	н	n	Ю	ю	ju
О	о	o	Я	я	ja

â/ă – entspricht dem dumpfen Laut im englischen „the";
c – wird wie das deutsche z gesprochen; č – entspricht tsch;
dž – etwa wie in „Dschungel"
š – entspricht sch;
v – entspricht dem deutschen w;
z – entspricht dem stimmhaften s in „Rose"; ž – etwa wie in „Journal"

ÜBERNACHTUNG

Können Sie mir ein Hotel empfehlen?	mózhete li da mi preporátschate chotél?	Можете ли да ми препоръчате хотел?
Ich habe bei Ihnen ein Zimmer reserviert.	reservírach pri was edná stája.	Резервирах при вас една стая.
Haben Sie noch freie Zimmer?	ímate li óschte sswobódni stái	Имате ли още свободни стаи?
ein Einzelzimmer	stája s ednó legló	стая с едно легло
ein Doppelzimmer	stája s dwe leglá	стая с две легла
mit Dusche/Bad	stája s dusch/bánja	стая с душ/баня
für eine Nacht	sa edná noscht	за една нощ
Was kostet das Zimmer …	kólko strúwa stája …	Колко струва стая …
… mit Frühstück?	… ssas sakúska?	… със закуска?
… mit Halbpension?	… s polupanssión?	… с полупансион?

PRAKTISCHE INFORMATIONEN

Können Sie mir einen guten Arzt empfehlen?	mózhete li da mi preporátschate dobár lékar?	Можете ли да ми препоръчате добър декар?
Hier tut es weh.	tuk me bolí.	Тук ме боли.
Wo gibt es bitte…	mólja, kadé ima …	Моля, къде има …
… eine Bank?	… bánka?	… банка?
… eine Wechselstube?	… tschejndsch?	… чейндж?
Ich möchte … Euro (Schweizer Franken) in Leva wechseln.	ískam da obmenjá … evro (schwejzárski fránka) sa léwowe.	Искам да обменя … евро (швейцарски франка) за левове.
Was kostet …	kólko strúwa …	Колко струва …
… ein Brief …	… pissmó …	… писмо
… eine Postkarte …	… póschtenska kártitschka …	… пощенска картичка
… nach Deutschland?	… do germánija?	… до Германия?

ZAHLEN

0	núla	нула	11	edinájsset	единайсет
1	ednó	едно	12	dwanájsset	дванайсет
2	dwe	две	20	dwájsset	двайсет
3	tri	три	21	dwájsset i ednó	двайсет и едно
4	tschétiri	четири	50	pedessét	петдесет
5	pet	пет	100	sto	сто
6	schest	шест	101	sto i ednó	сто и едно
7	ssédem	седем	1000	chiljáda	хиляда
8	óssem	осем	10000	désset chíliadi	десет хиляди
9	déwet	девет	1/2	edná polowína	една половина
10	désset	десет	1/4	edná tschétwart	една четвърт

REISEATLAS
BULGARIEN

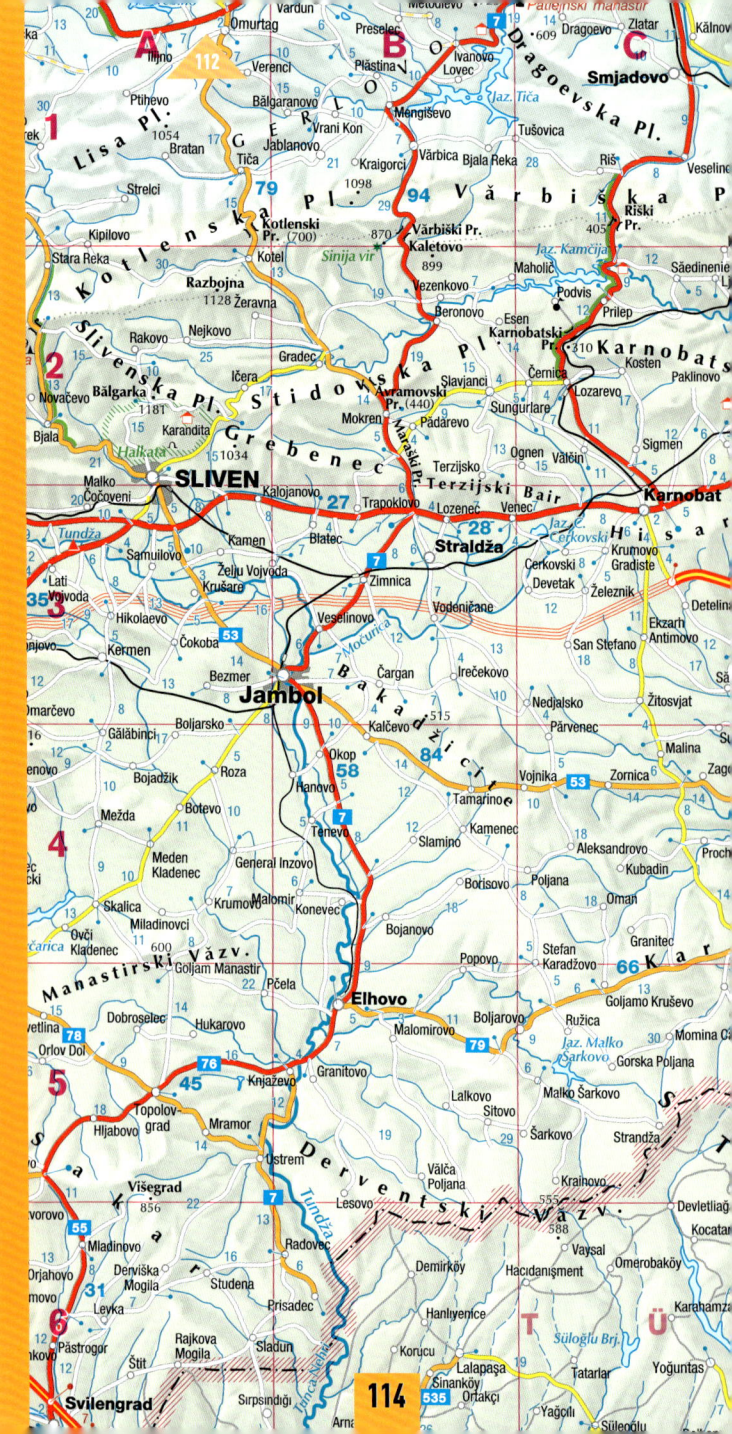

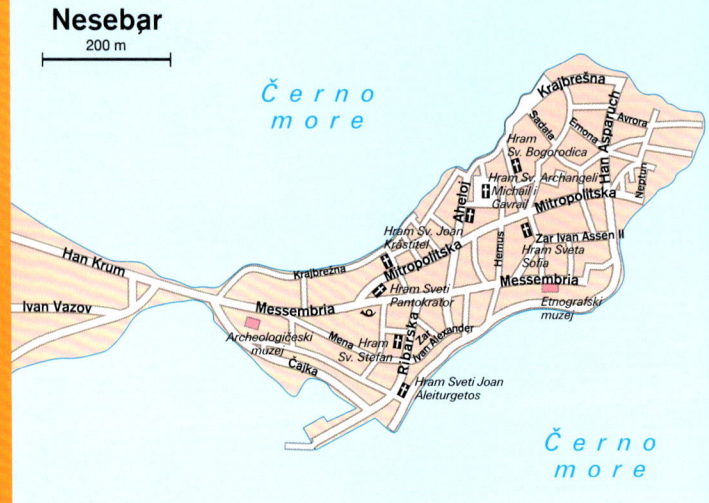

Nesebar

200 m

Č e r n o   m o r e

Krajbrešna

Avrora

Emona

Sadala

Sv. Bogorodica

Hram

Ivan Asparuch

Hram Sv. Archangeli
Michail i Gavrail

Archangeli

Mitropolitska

Neptun

Hram Sv. Joan
Krästitel

Anelor

Hram Sveta
Sofia

Zar Ivan Assen II

Kraibrežna

Mitropolitska

Han Krum

Messembria

Messembria

Hernus

Hram Sveti
Pantokrator

Etnografski
muzej

Ribarska

Ivan Vazov

Archeologičeski
muzej

Mena Hram
Sv. Stefan

Čaika

Ivan Alexander

Hram Sveti Joan
Aleiturgetos

Č e r n o   m o r e

A B C

Sofia

Drin

AG Klinika

Agromašinaimpeks
AG

Odrin

Pl.
Trapezica

Car Kaloian

1

Transvagon AG

Toplivo AG

Struma

Marica

Bul. Goce Ivanov

Uljam Gladston

Ž.K. BRATJA
Odrin

Arda

Pirin

Kavala

MILADINOVI

ŽP gara
Vladimir
Pavlov

Usala

Bul. San Stefano

Ivailo

Uljam Gladston

Sv. Patriarh Evtimij

Dimitar
Hristo Smirnenov

CDG

Debelt

Car Samuil

Makedonija

Car Kaloian

OU Ljuben
Karavelov

Edirn

Okra
sleds
služb
RDBF

2

E87

Mosstroj

Probuda

Karavelov

Levski

Leljam Gladston

Knjaz

Ljuben

Ž.K. VÄZRAŽDANE

Leivski

Georgi S. Rakovski

Ivailo

Borisova
gradina

Uljam Gladston

Knjaz Boris I

Aleksandär Stambolijski

Car Kaloian

Aleksandär

Bul. Knjaginja Marija Luiza

Burgasbus

Silvnica

Sv. Kliment Ohridski

Carigradska

3

Petrol AG
(baza Burgas)

ELIB/
Bulgarikum

Carigradska

Debelt

Bul.

Uljam Gladston

Car Asen

Sportna

Elin Pelin

Car
Ivan Han

SMU Sportstroj

Stadion
Černomore

Bul. Industrialen

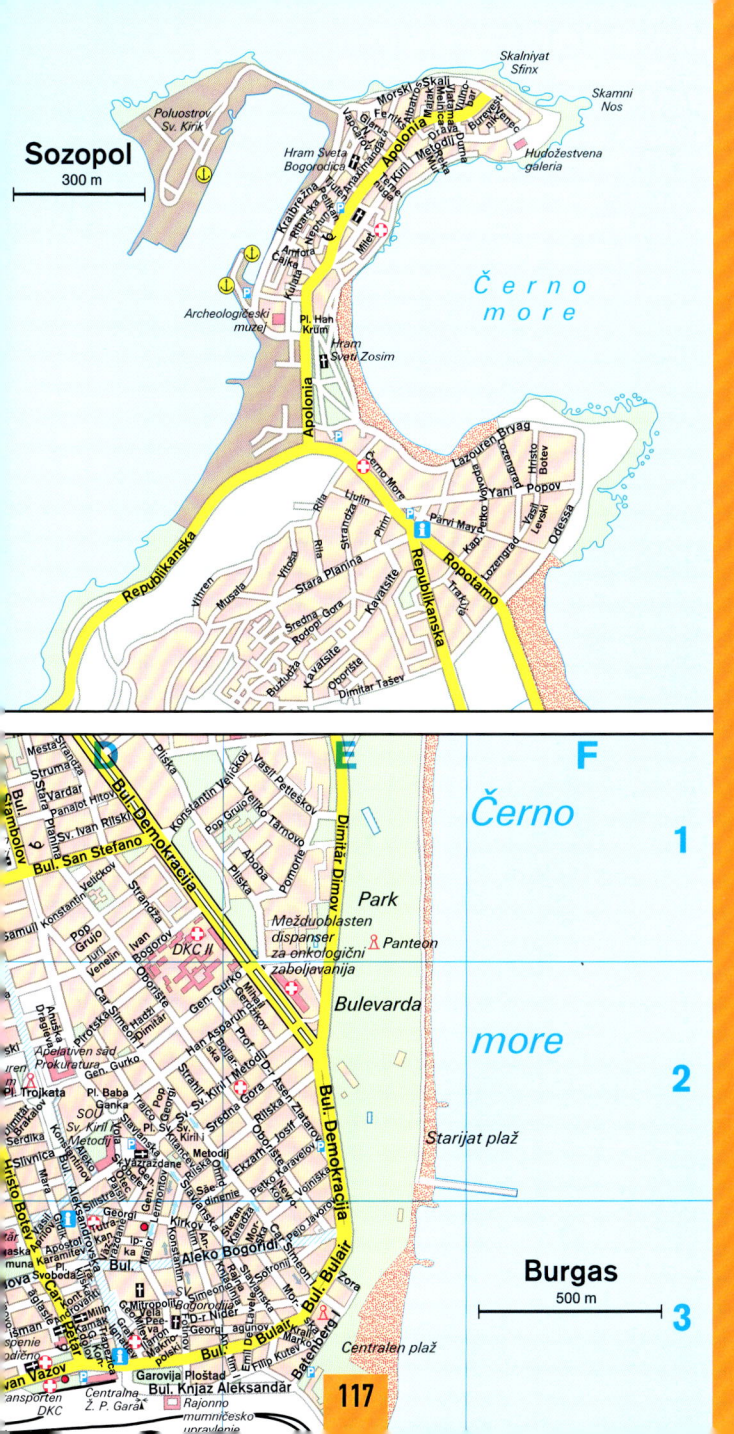

Sozopol

300 m

Poluostrov
Sv. Kirik

Skalniyat
Sfinx

Skamni
Nos

Morsko Skali
Atlantios
Medicina

Feliks
Vada

Venec

Apolonia
Kiril i Metodij
Drava

Hram Sveta
Bogorodica

Hudožestvena
galeria

Kraltvražka

Ropotamo

Nephung

Anfora
Čajka

Kubadin

Mileti

Č e r n o
m o r e

Archeologičeski
muzej

Pl. Han
Krům

Hram
Sveti Zosim

Apolonia

Lazouren bryag

Kozemgrad

Hristo
Botev

Vasil
Levski

Odessa

Črno more

Yani

Parvi Maj

Popov

Rila

Ljulin

Stranctza

Prm

Republikanska

Ropotamo

Iratza

Vihren

Musala

Vitoša

Rila

Stara Planina

Kavatsite

Sredna
Gora

Rodopi
Gora

Blънska

Kavatsite

Opoŕtie

Dimitar Tašev

D

E

F

Mesta

Stranctza

Struma

Vardar

Panajot Hitov

Pliska

Konstantin Velickov

Vasil Petteskov

Dimitar Dimov

Č e r n o

1

Bul.
Grambolov

Bul.
Plana

Bul-Demokracija

Sv. Ivan Rilski

Bul. San Stefano

Veličkov

Pop Grujo Tărnovo

Veliko Tărnovo

Pomorie

Samuil Konstantin

Pop
Grujo

Jurij
Venelin

Ivan
Bogorov

Stranctza

DKC II

Aboba

Pliska

Park

Mežduoblasten
dispanser
za onkologični
zabolavanija

Panteon

Car Simeon

Otec
Dimităr

Gen.
Gurko

Gen. Gurko

Han Esparuh

Sv. Kiril i Metodij

Asen Zlatarov

Bulevarda

more

2

SKI
iren
m

Anelia
Dmitrova

Pirotska

Apelativen săd
Prokuratura

Sv. Kiril i
Metodij

Sredna Gora

Obč. Josif

Ekzam. Josif

Petko Karavelov

Karavelov

Bul. Demokracija

Starijat plaž

Pl. Trojkata

Pl. Baba
Ganka

SOG

Sv. Kiril i
Metodij

Pl. Sv.
Kiril i
Metodij

Hristo Botev

Serdika

Slivnica

Izgrazdane

Sara
SpSienie

Pejo Javorov

tăr
aska

muna Karamfil

Apostol
Karamitev

Vazraždane

Georgi

Kirkov

Pejo Javorov

Bul. Bulair

Burgas

Serdika

Čova Svoboda

Klokotnitza

Georg

Geno
Milin

Ip-r

Aleko Bogoridi

S
Simeon

Sotironji

Zora

500 m

3

Hristo Botev

Kont
Mitropolit
P. Pee

Bogorodica
D-r Niko

Em. Filip

Em. Filip Kutev

Bul. Bulair

Batenberg

Centralen plaž

šman
spenie
odene

van Vazov

Georgi

aguinov

Garovija Ploštad

Bul. Knjaz Aleksandăr

117

ansporten
DKC

Centralna
Ž. P. Gara

Rajonno
mumničesko
upravlenie

KARTENLEGENDE

Autobahn mit Anschlussstellen Motorway with junctions	
Autobahn in Bau Motorway under construction	
Mautstelle Toll station	
Raststätte mit Übernachtung Roadside restaurant and hotel	
Raststätte Roadside restaurant	
Tankstelle Filling-station	
Autobahnähnliche Schnell- straße mit Anschlussstelle Dual carriage-way with motorway characteristics with junction	
Fernverkehrsstraße Trunk road	
Durchgangsstraße Thoroughfare	
Wichtige Hauptstraße Important main road	
Hauptstraße Main road	
Nebenstraße Secondary road	
Fernverkehrsbahn Main line railway	
Autozug-Terminal Car-loading terminal	
Bergbahn Mountain railway	
Kabinenschwebebahn Aerial cableway	
Sessellift Chair-lift	
Eisenbahnfähre Railway ferry	
Autofähre Car ferry	
Schifffahrtslinie Shipping route	
Landschaftlich besonders schöne Strecke Route with beautiful scenery	
Touristenstraße Tourist route	Alleenstr.
Wintersperre Closure in winter	
Straße für Kfz gesperrt Road closed to motor traffic	
Bedeutende Steigungen Important gradients	8%
Für Wohnwagen nicht empfehlenswert Not recommended for caravans	
Für Wohnwagen gesperrt Closed for caravans	

Kósciol farny Sehenswürdigkeit Object of interest	
Badestrand Bathing beach	
Besonders schöner Ausblick Important panoramic view	
Ausflüge & Touren Excursions & tours	
Nationalpark, Naturpark National park, nature park	
Sperrgebiet Prohibited area	
Kirche Church	
Moschee Mosque	
Kloster Monastery	
Schloss, Burg Palace, castle	
Ruinen Ruins	
Leuchtturm Lighthouse	
Turm Tower	
Höhle Cave	
Ausgrabungsstätte Archaeological excavation	
Feriendorf Tourist colony	
Motel Motel	
Jugendherberge Youth hostel	
Allein stehendes Hotel Isolated hotel	
Berghütte Refuge	
Campingplatz Camping site	
Flughafen Airport	
Flugplatz Airfield	
Staatsgrenze National boundary	
Verwaltungsgrenze Administrative boundary	
Grenzkontrollstelle Check-point	
Grenzkontrollstelle mit Beschränkung Check-point with restrictions	
PARIS Hauptstadt Capital	
MARSEILLE Verwaltungssitz Seat of the administration	

REGISTER

Im Register sind alle in diesem Reiseführer erwähnten Orte und Ausflugsziele sowie wichtige Sachbegriffe verzeichnet. Halbfette Seitenzahlen verweisen auf den Haupteintrag, kursive auf ein Foto.

Aheloj-Fluss 92
Ahtopol 10, **66**, *67*
Aladža manastir 56f.
Alepu Nationalpark 83
Albena 9, 10, 23, 30, **32ff.**, 94, 95, 99
Antična grobnica 74
Architekturreservat Brashlian 89
Atliman 84f.
Bačkovo-Kloster 9
Balčik 7, 23, 34, **36ff.**, 90, 95
Bălgari 65, 88
Bălgarevo 40
Baltata Naturreservat 34, 35
Banja 79
Batova-Mündung 34, **35**
Berg Kom 95
Bjala 95
Bosporus 66
Brashlian 89
Burgas 7, 8, 11, 13, 14, 23, 25, 27, **60ff.**, 66, 89, 92, 94, 95, 100, 104
Burgaski Mineralni Bani 64
Camping Gradina 82
Carevo **64ff.**, 95
Carsko kladenče 75
Čengene-Skele Naturreservat 82
Černomorez 82, **73f.**
Dalboka-Bucht 43
Djuni (Duni Royal Resort) *6/7*, **84**
Durankulak-See **40**, 94
Durankulaško esero **38**, 90
Dvorec Evsinograd 53
Elenite 10, **79**
Emona 79
Goldstrand 7, 10, 13, *16/17*, 23, 30, 34, **54ff.**, 94, 95, 99

Goljama peštera 23, **88**
Gramatikovo 23, 89
Heilige Anastasia, Insel 64
Höhlenkloster Aladža 56f.
Höhlen von Madara 23, **87f.**
Insel der Bolschewiken 64
Insel Sveti Ivan 84
Istanbul 66, 95
Jailata 41
Kableškovo 66
Kamčija-Delta 11, 17, **53**
Kamen brjag 41
Kap Emine 17, 76 **79**, 94, 95
Kap Galata 46
Kap Kaliakra 7, 31, **42f.**, 93
Kap Šabla 43f.
Karandila 94
Kaspičan 87
Kavacite 84
Kavarna **39ff.**, 95
Kiten 10, **84f.**, 95
Kloster Arat Teke 23, 34, **36**
Kloster Sveti Georgi 71
Kranevo 36
Krapec 42
Kuhata Mogila 74
Kuppelmausoleum, spätantikes 74
Longosa Park 53
Lozenec 66
Madarski konnik **87f.**, 94
Mädchen von Kaliakra, Die *42*, **43**
Malko Tărnovo 89
Manastir Arat Teke 23, 34, **36**
Mineralbäder Burgas 64
Muzej na solta 71
Naturschutzgebiet Sandlilie 84
Naturschutzgebiet Silistar *18*, **75**

Naturpark Zlatni pjasăci 57
Nesebăr 7, 10, *11*, 21, *58/59*, **67ff.**, 76, 92, 95
Nos Emine 17, 76 **79**, 94, 95
Nos Kaliakra 7, 31, **42f.**, 93
Nos Šabla 43f.
Obročište 23, 36
Obzor 10, **79**
Ostrov Bolševik 64
Petrova Niva 89
Pliska 87
Pobiti kamăni 10, **86f.**
Pomorie 13, 23, **70ff.**, 92, 95
Preslav 88
Primorsko 85
Ravda 23, **79f.**
Reiter von Madara **87f.**, 94
Rezovo **76**, 102
Rila-Kloster 9
Riviera 30, **57**, 99
Römische Thermen **45f.**
Ropotamo-Delta 11, 17, **85**
Russalka 44, 95
Šabla 11, 43, 95
Saint Elias 45
Salzmuseum 71
Srebăren brjag 42
Schlangeninsel 85
Schloss Euxinograd 53f.
Silberstrand 42
Silistar Naturschutz-gebiet *18*, **75**
Sinemorec 7, 10, **75f.**, 94
Slănčev brjag 10, 13, 23, 66, **76ff**, 94, 95, 99
Sliven 66, 94
Sonnenstrand 10, 13, 23, 66, **76ff.**, 94, 95, 99
Sozopol 7, 10, 13, 15, 11, 21, 23, *24/25*, **80ff.**, 92, 95

> www.marcopolo.de/bulgarien-meer

Strandža-Gebirge 23, 59, 65, **88f.**, 94
Strandža Naturreservat 17, 59, 64, **88f.**, 94
Steinerner Wald 10, **84**
Sunny Day 45
Sveti Konstantin i Elena **44ff.**
Sveti Vlas 80
Šumen 23, **88**, 89

Taukliman Naturreservat 43
Tjulenovo 43
Urdovisa 84
Varna 7, 10, 12, 13, 14, 16, 22, 23, 31, 34, **46ff.**, 86, 91f., 94, 95, 98, 99, 100, 102, 104
Veleka-Mündung 74, **75**, 92, 94

Velika 66, 75
Via Pontica 17, 30, 43, 75, **82**
Weinkellerei Boiar 74
Weinkellerei Euxinograd 50
Zarenquelle 75
Zlatni pjasăci 7, 10, 13, *16/17*, 23, 30, 34, **54ff.**, 94, 95, 99

SCHREIBEN SIE UNS!

Liebe Leserin, lieber Leser,

wir setzen alles daran, Ihnen möglichst aktuelle Informationen mit auf die Reise zu geben. Dennoch schleichen sich manchmal Fehler ein – trotz gründlicher Recherche unserer Autoren/innen. Sie haben sicherlich Verständnis, dass der Verlag dafür keine Haftung übernehmen kann.

Wir freuen uns aber, wenn Sie uns schreiben.

Senden Sie Ihre Post an die MARCO POLO Redaktion, MAIRDUMONT, Postfach 31 51, 73751 Ostfildern, info@marcopolo.de

IMPRESSUM

Titelbild: Abendstimmung am Goldstrand (Laif: Tophoven)
Fotos: A-Lounge (12 u.); Extreme Sports Club „Adrenalin" (91 o.); Fotolia: Gregor Kervina (91 M.r.), Jonathan Nierling (91 M.l.); R. Hackenberg (U.r., 3l., 3M., 4l., 4r., 11, 20, 28, 29, 42, 57, 60, 62, 69, 74, 86/87); HB Verlag: Schulze (6/7, 28/29, 41, 44, 58/59, 85, 96/97); F. Ihlow (21); © iStockphoto.com: Geoff Berry (15 u.), Yanik Chauv (13 u.), Marc C. Johnson (90 o.), Iurii Konoval (14 u.), Jerry Schiller (90 M.l.), Ievgenia Tikhonova (91 u.), Anna Wajda (14 M.), Zimmytws (90 M.r.); G. Janeva (12 o.); F. Köthe (5, 67, 75, 99); Laif: Kaiser (98), Tophoven (U.M., 1, 2 r., 3 r. 16/17, 27, 30/31, 32, 37, 38, 51, 81, 95); Look: Kreder (2 l., 19, 103); Ognyan Georgiev/Piccadilly Supermarkets (14 o.); Mr. Baba (90 u.); R. Petrov (15 o., 123); T. Stankiewicz (U.l., 64, 72); Transit-Archiv: Schulze (9, 18, 22, 22/23, 23, 24/25, 26, 35, 46, 48, 52/53, 55, 70/71, 76/77, 78, 83, 84, 89, 92/93, 110/111); Victoria Group Hotels & Resorts (13 o.)

2., aktualisierte Auflage 2008
© MAIRDUMONT GmbH & Co. KG, Ostfildern
Verlegerin: Stephanie Mair-Huydts; Chefredaktion: Michaela Lienemann, Marion Zorn
Autoren: Ralf Petrov, Daniela Schetar (Auftakt); Redaktion: Christina Sothmann
Programmbetreuung: Leonie Dlugosch, Nadia Al Kureischi; Bildredaktion: Gabriele Forst
Szene/24h: wunder media, München
Kartografie Reiseatlas: © MAIRDUMONT, Ostfildern
Innengestaltung: Zum goldenen Hirschen, Hamburg; Titel/S. 1–3: Factor Product, München
Sprachführer: in Zusammenarbeit mit Ernst Klett Sprachen GmbH, Stuttgart, Redaktion PONS Wörterbücher

FÜR IHRE NÄCHSTE REISE

gibt es folgende MARCO POLO Titel:

DEUTSCHLAND
Allgäu
Amrum/Föhr
Bayerischer Wald
Berlin
Bodensee
Chiemgau/Berchtes-
  gadener Land
Dresden/Sächsische
  Schweiz
Düsseldorf
Eifel
Erzgebirge/Vogtland
Franken
Frankfurt
Hamburg
Harz
Heidelberg
Köln
Lausitz/Spreewald/
  Zittauer Gebirge
Leipzig
Lüneburger Heide/
  Wendland
Mark Brandenburg
Mecklenburgische
  Seenplatte
Mosel
München
Nordseeküste
  Schleswig-
  Holstein
Oberbayern
Ostfriesische Inseln
Ostfriesland/
  Nordseeküste/
  Niedersachsen/
  Helgoland
Ostseeküste
  Mecklenburg-
  Vorpommern
Ostseeküste
  Schleswig-
  Holstein
Pfalz
Potsdam
Rheingau/
  Wiesbaden
Rügen/Hiddensee/
  Stralsund
Ruhrgebiet
Schwäbische Alb
Schwarzwald
Stuttgart
Sylt
Thüringen
Usedom
Weimar

ÖSTERREICH | SCHWEIZ
Berner Oberland/
  Bern
Kärnten
Österreich
Salzburger Land
Schweiz
Tessin
Tirol
Wien
Zürich

FRANKREICH
Bretagne
Burgund
Côte d'Azur/
  Monaco
Elsass
Frankreich
Französische
  Atlantikküste
Korsika
Languedoc
  Roussillon
Loire-Tal
Normandie
Paris
Provence

ITALIEN | MALTA
Apulien
Capri
Dolomiten
Elba/Toskanischer
  Archipel
Emilia-Romagna
Florenz
Gardasee
Golf von Neapel
Ischia
Italien
Italienische Adria
Italien Nord
Italien Süd
Kalabrien
Ligurien/
  Cinque Terre
Mailand/Lombardei
Malta/Gozo
Oberital. Seen
Piemont/Turin
Rom
Sardinien
Sizilien/
  Liparische Inseln
Südtirol
Toskana
Umbrien
Venedig
Venetien/Friaul

SPANIEN | PORTUGAL
Algarve
Andalusien
Barcelona
Baskenland/Bilbao
Costa Blanca
Costa Brava
Costa del Sol/
  Granada
Fuerteventura
Gran Canaria
Ibiza/Formentera
Jakobsweg/Spanien
La Gomera/El Hierro
Lanzarote
La Palma
Lissabon
Madeira
Madrid
Mallorca
Menorca
Portugal
Spanien
Teneriffa

NORDEUROPA
Bornholm
Dänemark
Finnland
Island
Kopenhagen
Norwegen
Schweden
Südschweden/
  Stockholm

WESTEUROPA | BENELUX
Amsterdam
Brüssel
Dublin
England
Flandern
Irland
Kanalinseln
London
Luxemburg
Niederlande
Niederländische
  Küste
Schottland
Südengland

OSTEUROPA
Baltikum
Budapest
Estland
Kaliningrader Gebiet
Lettland
Litauen/Kurische
  Nehrung
Masurische Seen
Moskau
Plattensee
Polen
Polnische Ostsee-
  küste/Danzig
Prag
Riesengebirge
Rumänien
Russland
Slowakei
St. Petersburg
Tschechien
Ungarn
Warschau

SÜDOSTEUROPA
Bulgarien
Bulgarische
  Schwarz-
  meerküste
Kroatische Küste/
  Dalmatien
Kroatische Küste/
  Istrien/Kvarner
Montenegro
Slowenien

GRIECHENLAND | TÜRKEI
Athen
Chalkidiki
Griechenland
  Festland
Griechische
  Inseln/Ägäis
Istanbul
Korfu
Kos
Kreta
Peloponnes
Rhodos
Samos
Santorin
Türkei
Türkische Südküste
Türkische Westküste
Zakinthos
Zypern

NORDAMERIKA
Alaska
Chicago und
  die Großen Seen
Florida
Hawaii
Kalifornien
Kanada
Kanada Ost
Kanada West
Las Vegas
Los Angeles
New York
San Francisco
USA
USA Neuengland/
  Long Island
USA Ost
USA Südstaaten/
  New Orleans
USA Südwest
USA West
Washington D.C.

MITTEL- UND SÜDAMERIKA
Argentinien
Brasilien
Chile
Costa Rica
Dominikanische
  Republik
Jamaika
Karibik/
  Große Antillen
Karibik/
  Kleine Antillen
Kuba
Mexiko
Peru/Bolivien
Venezuela
Yucatán

AFRIKA | VORDERER ORIENT
Ägypten
Djerba/
  Südtunesien
Dubai/Vereinigte
  Arabische Emirate
Israel
Jerusalem
Jordanien
Kapstadt/
  Wine Lands/
  Garden Route
Kenia
Marokko
Namibia
Qatar/Bahrain/
  Kuwait
Rotes Meer/Sinai
Südafrika
Tunesien

ASIEN
Bali/Lombok
Bangkok
China
Hongkong/
  Macau
Indien
Japan
Ko Samui/
  Ko Phangan
Malaysia
Nepal
Peking
Philippinen
Phuket
Rajasthan
Shanghai
Singapur
Sri Lanka
Thailand
Tokio
Vietnam

INDISCHER OZEAN | PAZIFIK
Australien
Malediven
Mauritius
Neuseeland
Seychellen
Südsee